编 委 会

（按姓氏笔画排序）

红色潮州
革命遗址

中共潮州市委宣传部
中共潮州市委党史研究室 编
潮州市文学艺术界联合会

暨南大学出版社
JINAN UNIVERSITY PRESS

中国·广州

图书在版编目（CIP）数据

红色潮州.3，革命遗址/中共潮州市委宣传部，中共潮州市委党史研究室，潮州市文学艺术界联合会编.—广州：暨南大学出版社，2023.9
ISBN 978 - 7 - 5668 - 3769 - 1

Ⅰ.①红⋯　Ⅱ.①中⋯　②中⋯　③潮⋯　Ⅲ.①革命史—潮州②革命纪念地—介绍—潮州　Ⅳ.①K296.53②K928.726.53

中国国家版本馆 CIP 数据核字（2023）第 167530 号

红色潮州：革命遗址
HONGSE CHAOZHOU：GEMING YIZHI
编　者：中共潮州市委宣传部　中共潮州市委党史研究室　潮州市文学艺术界联合会

出 版 人：张晋升
策　　划：黄圣英
责任编辑：冯　琳　雷晓琪
责任校对：刘舜怡　陈慧妍
责任印制：周一丹　郑玉婷

出版发行：暨南大学出版社（511443）
电　　话：总编室（8620）37332601
　　　　　营销部（8620）37332680　37332681　37332682　37332683
传　　真：（8620）37332660（办公室）　37332684（营销部）
网　　址：http：//www.jnupress.com
排　　版：广州市新晨文化发展有限公司
印　　刷：深圳市新联美术印刷有限公司
开　　本：787mm×960mm　1/16
印　　张：42.5
字　　数：631 千
版　　次：2023 年 9 月第 1 版
印　　次：2023 年 9 月第 1 次
总 定 价：180.00 元（全四册）

（暨大版图书如有印装质量问题，请与出版社总编室联系调换）

前　言

习近平总书记强调"要把红色资源作为坚定理想信念、加强党性修养的生动教材，讲好党的故事、革命的故事、根据地的故事、英雄和烈士的故事，加强革命传统教育、爱国主义教育、青少年思想道德教育，把红色基因传承好，确保红色江山永不变色"。

潮州是承载红色记忆的革命老区，革命开展早，是全国最早传播马克思主义、广东最早响应五四运动的地区之一；革命时间长，从大革命时期到解放战争时期持续不断，影响重大。新民主主义革命时期，在中国共产党领导下，潮州人民为民族独立和人民解放而英勇奋斗，涌现了一批在潮州乃至全国具有较大影响力的革命英杰，他们从潮州走出去，汇入了全国革命斗争的滚滚洪流中，而周恩来、朱德、贺龙、刘伯承和陈毅等老一辈无产阶级革命家也都在潮州留下了光辉的足迹。中共潮州地方组织带领潮州人民艰苦奋斗、不屈不挠、一往无前、勇夺胜利的红色精神，是一笔宝贵的红色文化遗产。潮州全域都属老苏区，其中，饶平县属原中央苏区县，潮安区、湘桥区属广东省老区苏区，红色文化资源丰富，是一座当之无愧的"英雄之城""红色之市"。

大革命时期，潮安和饶平的人民群众，在当地党组织的领导下，开展轰轰烈烈的革命斗争。1925 年，在广东革命政府两次东征以及海陆丰农民运动的影响下，在东征军总政治部主任周恩来等的领导下，潮州的工农运动出现了新高潮。是年 11 月和翌年 1 月，中共潮安县支部（后扩展为特别支部）和中共饶平支部先后建立（不久成立县部委）。1926 年 2 月，周恩来主持召开了东江各属行政大会，通过了各项提案决议，使工、农、商、学各界运动有了合法地位。从此，潮州革命运动在党的直接领导下蓬勃开展，地方党组织带领人民进行了艰苦复杂的斗争，活动范围广、革命道路曲折、坚持红旗不倒。

土地革命战争时期，1927 年 9 月 23 日，周恩来、贺龙、叶挺等率"八一"南昌起义军进军潮州，潮安人民群众掀起轰轰烈烈的革命斗争，史称"潮州七日红"；10 月 7 日，朱德率领南昌起义军余部按照茂芝会议的军事决策，"穿山西进，直奔湘南"，于 1928 年 4 月实现井冈山会师，在潮汕革命史上写下光辉的一页。起义军受挫撤出潮州后，党组织在极端险恶的形势下，以不屈不挠的精神率领工农革命军和赤卫队坚持战斗。

在中共东江特委的领导下，潮安县委和饶平县委成立并领导革命军队，开展武装斗争、实行红色割据。1930 年底以后，在苏区中央局闽粤赣边特委的领导下，建立了潮澄澳（后为潮澄饶）、饶和埔诏县委，领导工农红军创建了浮凤根据地，成立了县、区苏维埃的革命政权。东江革命根据地不断拓展，与中央革命根据地和闽粤赣革命根据地连为一片。

全民族抗日战争时期，潮安和饶平党组织得到迅速的恢复和发展，在抗日民族统一战线的指导下，掀起了声势浩大的抗日救亡运动，在饶中地区建立隐蔽斗争的基点。潮澄饶党组织领导的抗日游击队，以江东余厝洲为据点，坚持长期的敌后斗争，在极度困难的情况下，发展革命队伍，积蓄革命力量，开展敌后斗争，赢得潮汕抗日斗争的胜利。

解放战争时期，开展了对国民党反动统治的武装斗争，于 1949 年初建立了凤凰山根据地，进一步开辟了广阔的平原游击区，展开了全面的进攻，摧毁了国民党在潮安、饶平的反动政权。10 月，潮州解放并在潮安、饶平二县分别建立军事管制委员会。

红色文化资源在潮州大地闪烁着耀眼的光芒，红色记忆应当世代流传。党的二十大报告明确指出："传承红色基因，赓续红色血脉"，"用好红色资源，深入开展社会主义核心价值观宣传教育"。2023 年是贯彻落实党的二十大精神的开局之年。为深入学习贯彻习近平新时代中国特色社会主义思想，贯彻落实党中央和广东省委、潮州市委工作部署，以实际行动推动党的二十大精神在潮州落地见效，中共潮州市委宣传部、中共潮州市委党史研究室、潮州市文学艺术界联合会联合编撰比较系统且简洁明了、适合各文化层次学习的《红色潮州》丛书。

《红色潮州》丛书分为 4 卷：《红色潮州：革命先辈》《红色潮州：革命事迹》《红色潮州：革命遗址》《红色潮州：革命礼赞》。

《红色潮州：革命先辈》收录二十余位革命先辈事迹，对李春涛、许甦魂、谢汉一等早期革命工作者，洪灵菲、陈波儿等革命文艺工作者，黄名贤、王菊花等地下工作者的革命斗争工作进行了生动的讲述，展现出老一辈革命家、革命先烈及革命志士的崇高精神和优秀品质，描绘了一幅丰富多彩、跌宕起伏的潮州革命历史人物长卷，具有较强的感染力和深刻的教育意义。

《红色潮州：革命事迹》精选 11 个潮州历史上重大革命事迹，包括《潮州七日红》《茂芝军事决策会议》《潮安交通旅社：中央秘密交通线的重要交通站》等篇章，还原了潮州人民参与革命的重要史实，对于还原相关历史细节、厘清相关革命事迹在潮州乃至全国革命史的历史地位，以及完善潮州地区党史、中共党史都有一定意义。

《红色潮州：革命遗址》收录了党史地位较高、影响较大、较有代表性的 59 处革命遗址，并以大革命时期（1917—1927）、土地革命战争时期（1927—1937）、全面抗日战争时期（1937—1945）和解放战争时期（1945—1949）四个时期进行分类，简要介绍了每个革命遗址的史实、现状和保护利用级别，并结合图片进行展示。通过介绍潮州境内红色革命遗址，展现了新民主主义革命时期潮州的一系列革命斗争，反映了潮州人民不畏强暴、不折不挠的革命精神。

《红色潮州：革命礼赞》收录46篇歌颂潮州革命相关事迹、人物、旧址等的诗歌与散文作品。作者们从不同的角度切入，或抒情，或写景，或叙事，用自己熟悉的体裁、擅长的表现手法和生动的文学表达，歌颂了革命英雄对党、对人民无限忠诚，不惜抛头颅、洒热血的精神，以及为革命、为人民所作的巨大贡献。在文字的深情演绎中，流淌出一个个扣人心弦的红色故事，传承着绵绵不断的红色基因，直击人们的心田，是新时代潮州人抒写的红色革命礼赞。

凝心铸魂向复兴！在开启第二个百年新征程、全党开展学习贯彻习近平新时代中国特色社会主义思想主题教育之际，《红色潮州》丛书的出版，希望能让读者了解潮州革命斗争的光荣历史，为广大党员干部传承红色基因，发扬红色传统，学思想、强党性、重实践、建新功，奋力谱写现代化潮州新篇章提供文化支撑和精神动力。

编　者

2023 年 5 月

目　录

001　|　**前　言**

大革命时期　（1917—1927）

002　|　铺巷武祠——潮州社会主义青年团成立旧址

004　|　扶轮堂——潮安第一次全县农代会、工代会及潮安青救会会址
　　　　旧址

006　|　李厝祠——黄埔军校潮州分校旧址

008　|　西湖运动场——国民革命军东征祝捷大会会场旧址

010　|　五桂祠——隆津区农民协会旧址

012　|　紫来轩书斋——东莆区农民协会、中共东莆区支部旧址

014　|　灵严庵——潮安县农民自卫军模范队训练所旧址

016　|　敦仁公祠——二区农民协会总部旧址

018　|　饶平县第一中学（三饶孔庙）——饶城新学生社、青年抗敌同
　　　　志会旧址

020　|　五芝轩——饶平县第一个乡农民协会旧址

022　|　林氏试馆——中共饶平县支部（毛泽覃隐蔽处）旧址

024 | 饶平县第二中学（瑞光台）——饶平县第一个共青团支部成立旧址

026 | 詹厝祠——饶平县农民自卫军模范队训练班旧址

028 | 大坡楼——中共饶平县委成立旧址

030 | 三昧书斋——海山第一个中共党支部成立旧址

032 | 邱厝祠——中共饶平县部委及党团联席会议旧址

土地革命战争时期 （1927—1937）

036 | 涵碧楼——南昌起义军第二十军第三师司令部和警备司令部旧址

038 | 叩齿庵——南昌起义军第二十军第三师政治部旧址

040 | 潮州交通旅社——中央秘密交通线中转站遗址

042 | 黄氏宗祠——"潮州七日红"前后中共潮安县委驻地旧址

044 | 双抛祠——中共潮安县委机关驻地旧址

046 | 柑桔场——南昌起义军南下广东潮汕周恩来演讲遗址

048 | 刚克公祠——广东工农革命军东路第二独立团驻地旧址

050 | 世田大石岩——红十一军军部旧址

052 | 管氏祖祠——潮安县革命委员会成立旧址

056 | 黄氏家庙——中共潮澄澳县委机关旧址

058 | 杨柳居——中共潮澄饶县委机关旧址

060 | 内崀林氏公厅——潮澄饶县革命委员会成立会址

062 | 林氏宗祠——中共潮澄澳县委活动旧址

066 | 三平礤村文厝文冬舟家——潮澄饶县革命委员会机关旧址

068 | 廖氏苍涯公祠——中共潮澄揭县委活动旧址

070 | 陈厝追远堂——池湖农民协会旧址

072 | 全德学校——南昌起义军茂芝军事决策会议旧址

074 | 麒麟岭——送别南昌起义军旧址

076 | 许氏宗祠——中共饶平县委机关驻地旧址

078 | 西泉公书院——中共饶和埔浮山区委及交通站旧址

080 | 岩下番客曹大屋——粤闽赣红色交通站遗址

082 | 黄冈刺围——中共饶平县委机关所在地旧址

084 | 墩头顶大厝——中共饶和埔县委交通站旧址

086 | 中共饶和埔诏第一区区委旧址

088 | "里坑事件"发生地旧址

090 | 闽南抗日游击队第五支队桃源洞事件遗址

全面抗日战争时期 （1937—1945）

094 | 葡萄园——中共潮汕中心县委旧址

096 | 铺埔儒林第——中共潮澄饶中心县委机关旧址

098 | 大夫第——中共潮汕中心县委机关旧址

100 | 潮澄饶"革命一老家"旧址

102 | 紫凝轩——潮汕青年抗日游击队、广东人民抗日游击队"韩纵一支队"活动旧址

106 | 长彬小学（延德堂）——中共潮澄饶县委隐蔽斗争据点旧址

108 | 樟溪小学（上青公祠）——中共潮澄饶县委隐蔽斗争据点旧址

解放战争时期 （1945—1949）

112 | 中共潮安县工委机关旧址

114 | 林畔书斋——潮安地下革命交通线交通站旧址

116 | 人民解放军韩江支队第十一团司令部旧址

118 | 太和斋——中共韩东（江）地委、中共潮汕地委潮澄饶丰澳分委机关旧址

120 | 四方楼——中国人民解放军闽粤赣边纵队第四支队司令部旧址

122 | 梅兰轩书斋——中共潮安县工作委员会驻地旧址

124 | 曾静和曾宪华的祖宅——中共潮澄饶丰边县委成立遗址

126 | 庵坑——中共饶平县工委旧址

128 | 四房祠——人民解放军闽粤赣边区纵队第四支队独立大队军民座谈会旧址

130 | 二善潮源楼——中共饶和埔丰县委机关党支部旧址

大革命时期

(1917—1927)

铺巷武祠

—— 潮州社会主义青年团成立旧址

铺巷武祠——潮州社会主义青年团成立旧址，位于潮州市湘桥区太平街道。

1921年1月，一位来自上海的张姓客籍社会主义青年团团员从潮州城经过，感到潮安进步政治气氛较浓，并了解到潮安青年图书社成员很热心宣传社会主义思想，便向青年图书社成员介绍上海于1920年8月成立的社会主义青年团及其开展活动的情况和他们的政治主张。在他的帮助下，经过短时间的筹备，潮州社会主义青年团在潮州城区铺巷武祠成立。这是全国最先建立的17个地方团组织之一（其他还有上海、北京、武昌、长沙、广州、天津、南京、保定、唐山、杭州、塘沽、安庆、佛山、新会、肇庆、梧州）。在潮州，参加这一组织的主要有青年图书社的成员吴雄华、罗定伦等30多人，负责人是姚维殷。其主要工作是联合潮州工界救国联合会，组织团员和工人通过上街演讲、贴标语、发传单等形式宣传社会主义，揭露地方军阀的不法行径，组织争取民主权利的政治斗争。至同年5月，由于此时上海社会主义青年团因故暂时解散，潮州社会主义青年团没有再与上海社会主义青年团组织取得联系，且团的负责人姚维殷前往南洋，团组织停止活动。

　　虽然潮州社会主义青年团存在的时间不长，但其公开活动使社会主义这一观念在人们心目中留下较深刻的印象，也为今后潮州团组织的发展壮大以及开展团的工作提供了有益的借鉴。

　　该旧址铺巷武祠坍塌已久，始建及改建年代不详，因与附近建筑连片改造，无法统计其面积。

铺巷武祠

扶轮堂

—— 潮安第一次全县农代会、工代会及潮安青救会会址旧址

扶轮堂——潮安第一次全县农代会、工代会及潮安青救会会址旧址，位于潮州市湘桥区太平街道英聚巷 20 号。

1925 年 12 月 1 日，潮安第一次全县农民代表大会在扶轮堂召开。大会主席团由方临川、孙戊昌、吴进荣、陈达与、林少青、林友位、许崇儒、许筹、张秉刚等组成。中共汕头特支书记杨石魂以国民党汕头市党部代表的身份出席了大会，并在会上作"关于帝国主义运动中之省港汕头罢工近况"等报告。大会选举了方惟精、方临川、杨慧生、张秉刚、李子俊、孙戊昌、谢汉一等为新的县农民协会执委，中共潮安县支部书记郭瘦真为秘书长。

1926 年 7 月，以潮安劳动同盟为基础，潮安 32 个工人团体联合在此成立了潮安总工会。7 月 11 日，全县第一次工人代表大会在扶轮堂开幕。县城及各乡、区代表共 267 人参加大会。会上作了政治报告和省港大罢工、本县工人运动等报告，并讨论了工会章程，选举了总工会执行委员 13 人，郭仰川为委员长，赖炎光、谢汉一为副委员长。

1937 年 3 月，在广州中山大学读书的共产党员钟骞回到潮安，与从北京回来的中共党员杨家龙等"抗先"队员，发起组织公开的群众团体"潮安青年救亡同志会"。会址设于扶轮堂内。全民族抗日战争爆发后，"潮安青年救亡同志会"于同年冬改名为"潮安青年抗敌同志会"。

扶轮堂始建于清嘉庆年间。坐北朝南，二进带左右各一从厝，原为海阳县知县谢邦基倡建的民间助学机构。占地面积 1 030.05 平方米，夯土抹灰墙体，硬山顶灰瓦屋面，面宽 32.7 米，进深 31.5 米，正座五开间格局。门楼肚有石刻博古图，后座瓜柱抬梁，建筑主体装饰有精雕细刻的金漆木雕。

扶轮堂于 2011 年 1 月被潮州市人民政府公布为潮州市文物保护单位，纳入潮州市"百家修百祠"项目中。

扶轮堂

李厝祠

—— 黄埔军校潮州分校旧址

李厝祠——黄埔军校潮州分校旧址，位于潮州市湘桥区太平街道中山路44号。

1925年11月，国民革命军第二次东征抵达潮州后，于12月创办了陆军军官学校潮州分校，这是黄埔军校最早创办的一所分校。12月18日，黄埔军校潮州分校举行开学典礼。蒋介石兼任分校校长（后由何应钦接任）、汪精卫任党代表、何应钦任教育长（后由王绳祖接任）、周恩来任政治部主任（后由刘康侯接任）。分校校址设在李厝祠和黄氏宗祠。1926年5月1日改称为中央军事政治学校潮州分校。分校设立前期，共产党员周恩来、熊雄、恽代英、萧楚女、杨嗣震、郭瘦真、柯柏年（李春蕃）及左派人士李春涛等先后在校工作或任教。他们通过出版《韩江潮》，宣传孙中山的"三大政策"，宣传马克思主义，揭露和抨击右派破坏国共合作的阴谋，对潮安国民革命运动的开展起到了推动和促进作用。分校自创办到1926年12月底结束，共办二期。除招收参加东征的黄埔军校学员（称"学员生"）外，还在惠潮梅、海陆丰各地中学生中招收"入伍生"，先后招收学员990

余人。学员毕业后均分配到国民革命军各部担任下级军官。从潮州分校毕业的学员，在北伐战争和抗日战争中，英勇善战，屡立功勋，先后有近200人伤亡。这些为国家的统一和复兴而献身的烈士英名，被载入《黄埔军校同学荣哀录》。

李厝祠建于清末民初，坐北朝南，占地 1 306.37 平方米，面宽三间，纵深二进，斗拱抬梁式木结构。该旧址整体保存较好，前、后座两侧均加建墙体，东、西廊及从厝分隔改建。2020 年 3 月启动修缮工程，现已修缮完毕并对外开放。

李厝祠于 1987 年 12 月被潮州市人民政府公布为潮州市文物保护单位；2022 年 7 月被广东省人民政府公布为广东省文物保护单位。

李厝祠

西湖运动场

—— 国民革命军东征祝捷大会会场旧址

　　西湖运动场——国民革命军东征祝捷大会会场旧址，位于潮州市湘桥区太平街道西湖公园内。

　　1925 年 10 月，位于广州的国民政府经共产党人的敦促和推动，决定发起国民革命军第二次东征，以消灭陈炯明军阀，巩固广东革命根据地。11月 4 日，东征军攻占潮州城。11 月 9 日，各群众团体在西湖运动场集会，隆重欢迎东征军。东征军总指挥蒋介石、总政治部主任周恩来等出席大会并发表讲话。他们向民众阐明了第二次东征的意义，对潮安民众的支持表示感谢，并勉励大家继续奋斗，力促革命成功。25 日，国民革命军第二次东征胜利祝捷大会在西湖运动场举行。出席大会的有蒋介石、苏联顾问罗茄觉夫、周恩来等。共产党员邓颖超也以国民党广东省党部潮梅特派员的身份出席大会。会上，他们希望潮州同胞与国民革命军一起，实行三民主义，以谋求中国的自由平等；指出打倒全世界之帝国主义者，才是全民的胜利。当晚，全城民众举行了声势浩大的提灯游行，庆祝东征大捷。这些活动，使潮安民众进一步明确了国民革命的重要意义，对群众运动的恢复起着巨大的促进作用，使全县呈现出浓烈的革命气氛。

　　无论是大革命时期，还是土地革命战争、抗日战争、解放战争时期，西湖运动场多次作为潮州人民抗敌斗争而举行集会的场地。西湖运动场原有一戏台，是国民革命军东征祝捷大会的主席台，现已拆除，改建为公安办公场所。

　　西湖运动场现成为市民休闲娱乐场所。

西湖运动场

五桂祠

—— 隆津区农民协会旧址

五桂祠——隆津区农民协会旧址，亦是隆津区劳动童子团团址、隆津区妇女改进协会会址、鹳巢农民学校校址，位于潮州市潮安区龙湖镇鹳巢二村。

大革命时期，五桂祠就是隆津区农民协会会址。1925年4月，鹳巢农民协会成立后，龙湖等乡相继成立农会。7月，鹳巢成立隆津区（今龙湖镇一带）农民协会，会址起初设在鹳巢乡的诗礼第后包，后迁五桂祠。会长李子俊，会员有1000多户。各乡会员领导：鹳巢乡为李子俊，龙湖乡为许以进，石鼓乡为林少逸，三英村为成绍吉，埔头村为林木亮、林锦松，张厝陇为张扬锡、张亚婆，上社村为李耀明，新乡村为陈美香，庄西陇为蔡名基。

1925年8月，隆津区成立劳动童子团，顾问李德烈。团员共300余人，团址附设在五桂祠。该团大队长李前进后来负责县劳动童子团财政。

1925年8月，隆津区成立妇女解放协会，1926年改称为妇女改进协会，会员有100多人，主任许玩姬，副主任曾清叶，会址附设在五桂祠。

1926年正月，隆津区农民在五桂祠开办农民学校，举办农民夜校，校长李弼如，是隆津区对农民开展文化思想教育和革命宣传的阵地。五桂祠建于明朝正德年间，至今已有500多年历史，建筑占地面积439.3平方米，保护范围1273平方米。1927年12月，国民党军警"围剿"鹳巢，五桂祠被烧毁。1948年，村民重建五桂祠，后于1997年、2000年、2017年多次修缮。现建筑结构完好，并布设有鹳巢人民革命斗争史资料陈列和广东人民抗日游击队韩纵一支队斗争史连环画展览。

五桂祠——隆津区农民协会旧址于2019年4月3日被中共潮州市委党校公布为中共潮州市委党校党性教育基地，同年4月被潮州市潮安区关心下一代工作委员会公布为潮安区青少年爱国主义教育基地。

五桂祠

紫来轩书斋

—— 东莆区农民协会、中共东莆区支部旧址

紫来轩书斋——东莆区农民协会、中共东莆区支部旧址，位于潮州市潮安区沙溪镇上西林村。

1920年初，东莆区上西林村孙戊昌、孙清宜等人发动了几十户贫苦农民，在西林村紫来轩书斋秘密组建了"西林农界救国联合会"。1923年9月，改称"西林农民协会"，成为潮安县第一个成立的村农会，孙戊昌为总负责人。在县农会领导人方临川、总工会执委谢汉一和活动于鹳巢一带的方惟精、余益求、许筹等人的帮助和指导下，1925年9月14日，东莆区农民协会在紫来轩书斋成立，孙木乾当选为农会主席。1925年3月和11月，国民革命军两次东征进占潮汕期间，黄埔军校政治部主任周恩来两次深入潮安县东莆区，来到西林村，在紫来轩书斋会见了西林村农会总负责人孙戊昌和东莆区农会主席孙木乾，指导农民开展革命斗争。

1926年夏，在中共潮安县部委的领导下，中共东莆区支部在西林村紫来轩书斋成立，孙戊昌任书记。此后，桑浦山地区的革命活动以上西

林村为中心，轰轰烈烈地开展起来。

紫来轩书斋大门向东，书斋型建筑风格，占地 100 平方米，因年代久远，故地面破损，墙体氧化，损毁严重。

紫来轩书斋

灵严庵

—— 潮安县农民自卫军模范队训练所旧址

灵严庵——潮安县农民自卫军模范队训练所旧址，位于潮州市潮安区金石镇辜厝村。

1926 年，北伐战争开始后，中共广东区委向各地党组织进一步强调武装工农的重要性，要求各地迅速建立工农武装。中共广东区委军委书记周恩来，特地从黄埔军校第四期毕业生中抽调 60 人，留在广东开展武装工农的训练工作，这批军校学生，分配到潮梅海陆丰的有 17 人。10 月，广东省农会潮梅海陆丰办事处正式成立农军部，以督促指导农军工作。同月，中共潮安县部委根据上级党组织的指示，在上莆区大寨鸟巢铺灵严庵开办了"潮安县农民自卫军模范队训练所"，由共产党员、黄埔军校第四期学生俞文彬担任队长，教官有许穆锡等人。潮安各级党组织分别在各区、乡农会中挑选出有觉悟、有斗争性的青年积极分子 50 人到训练所参加培训。培训时间 4 个月，由受训人员组成"潮安县农民自卫军模范队"，按黄埔军校的一套方法进行训练，除学习军事技术知识、组织实施军事操练和野外学习外，还由党组织的负责人讲授农民运动史、新三民主义、国内外形势等课程。经过学习和训练，学员政治思想觉悟和军事素质得到了很大提高。训练期间，党组织先后在学员中吸收了 20 多名优秀分子加入中国共产党。翌年 2 月，训练结束，学员分配到各区，负责组织和训练区一级农民自卫军。潮安县农民自卫军模范队训练所的开办与各区相继开展的训练工作，为潮安培养了一批武装骨干，播下了武装斗争的种子。

该旧址原建筑物风格独特，1930 年 9 月，国民党军警"围剿"上莆区革命乡村时，灵严庵部分建筑物被毁，现残缺不堪，至今尚未修复。

灵严庵

敦仁公祠

——二区农民协会总部旧址

· · · · · · · ·

敦仁公祠——二区农民协会总部旧址，位于潮州市潮安区凤塘镇冯厝村。

1927 年，中共潮安县委委员许筹深入到大和区（今凤塘镇全部、枫溪区和浮洋镇的部分村庄）开展农运工作。许筹来到冯厝村，根据中共广东区委"发动群众，以赤色恐怖来回答敌人的白色恐怖"的指示，发动冯厝村及周边村原来的农会骨干分子，通过他们联络群众，秘密恢复和建立农会组织。农会组织发展很快，不但冯厝村的贫苦农民踊跃加入农会，周边的桥湖、陇美、邱厝、蔡厝、泮洋、双岗、湖美等村的农民也纷纷加入并积极参与活动。冯厝及周边村的农民协会成立后，总部设于冯厝村中的敦仁公祠，挂牌为"二区农民协会总部"，冯坤遇担任总部主席，冯宏华负责武装组织工作和吹号，冯坤树负责宣传和联络工作，冯天泉负责后勤。

冯厝村农民协会利用青麻山可攻可守的地理位置，组织农民自卫队上山练兵，多次打退来"围剿"的国民党地方民团武装。

1927 年 9 月 23 日，南昌起义军进占潮安县城时，冯厝村农民协会组织会员和村民欢迎革命队伍的到来，散发革命传单、宣传革命道理。9月26日，南昌起义军第二十军和第十一军往揭阳进军路过青麻山时，农会总部立即发动村民，连续两天两夜为起义队伍送水送饭，支持革命队伍。

"潮州七日红"之后，国民党军警疯狂镇压革命民众，大批农会骨干惨遭逮捕和杀害。1928年7月末的一天，国民党李汉高部调遣一个连的兵力，包围了冯厝村，在村里和山上抓走了25位农会会员，囚禁于潮安县监狱。在形势十分严峻的时刻，农会总部主席冯坤遇不避艰险、挺身而出，掩护本村和周边的共产党员、农会会员转移脱险，自己却留在村中继续坚持开展地下斗争。他由于要时刻防备敌人的暗探进村，又无法与组织取得联系，在那白色恐怖的日子里，贫病交加，于1928年11月2日去世，年仅32岁，留下年轻的妻子和三个幼小的孩子。

敦仁公祠是一座两厅一庭的二进式祠堂，为敦仁公裔孙所有，现为敦仁公裔孙祭祖场所，同时也成为周边学校红色教育的基地。

敦仁公祠

饶平县第一中学（三饶孔庙）

—— 饶城新学生社、青年抗敌同志会旧址

饶平县第一中学（三饶孔庙）——饶城新学生社、青年抗敌同志会旧址，位于潮州市饶平县三饶镇中华路 176 号。

1924 年饶平县第一中学（以下简称"一中"）创办之时，正处于第一次国共合作时期。许多爱国进步人士，知名学者先后应聘来校任教，如潘子诚、李芳柏，共产党员张碧光，参加饶平县党部改组工作的共产党员詹前锋任训育主任。他们为革命培养新苗，给学校带来新的教学和革命风气。1925 年，共产党员林琼璜在一中发起并成立青年进步团体"新学生社"，有三分之二同学参加，宗旨是"面向农村，组织农会"。1937 年 11 月，国民党 155 师政训处科长潘伯铭带领一个政工队到饶城，组织进步青年钱青、许则鸣、黄光洲、刘健良等几十名中小学教师和知识青年，组织抗日宣传队到钱东、隆都等地宣传演出。1938 年 2 月，饶城青年抗敌同志会在一中成立。1940 年中共饶凤浮中心支部党员张文声于一中组织进步学生成立"学生自治会"，公演抗日救亡话剧，开展抗日宣传活动。

饶平县第一中学（三饶孔庙）始建于明成化十四年（1478），坐北向

南，建筑面积520平方米，为土木结构，有大成殿（正殿），东西两庑及前庭形成国字圈。

饶平县第一中学（三饶孔庙）于1981年7月被饶平县人民政府公布为县文物保护单位。

饶平县第一中学 （三饶孔庙）

五芝轩

—— 饶平县第一个乡农民协会旧址

五芝轩——饶平县第一个乡农民协会旧址，位于潮州市饶平县三饶镇南联村楼脚 11 号。

1924 年，国共合作的革命统一战线正式建立。广东成为全国革命运动的中心。在全国革命形势和海陆丰农民运动的影响下，在外地读书的饶平进步青年学生先后回乡开展革命活动，成立同志学社和新学生社。在其推动下，饶平工农运动迅速兴起。新学生社成立后，一面进行社会调查，一面派骨干到饶平县城的道韵、河口等乡村，发动农民组织农会。1925 年初，同志学社骨干潘廷准、吴森然到饶平县城近郊道韵乡道南学校教书，协助黄丽泽在该乡宣传发动群众，筹建农民协会。5 月，饶平县第一个乡农会——道韵乡农民协会成立，有 260 多人报名参加，会长黄丽泽，会址设在五芝轩。与此同时，林琼璜、詹宗鲁等到上饶区的新丰乡组织农民协会。道韵、新丰两个乡农会的成立，推动全县农运的发展。不久，饶平县城郊区的西陂、山美、石壁、下寨、旧寨、南山、河口以及上饶区的二祠、岭案、坑子里、陂墩等一批乡村农会相继成立。至 1926 年 4 月底，饶平县

已建立饶城、上饶、浮山 3 个区农会和 33 个乡农会。农民协会遍及全县各地，遂于饶平县城林厝祠召开第一次农民代表会议，正式成立饶平县农民协会。在县农民协会的领导发动下，全县各乡村初步掀起减租减息的斗争。

五芝轩建于清代，原是道韵楼黄氏第 16 世建的书斋，坐南向北，为土木结构，景致幽雅宜人，总建筑面积为 300 平方米。

五芝轩目前无保护利用级别。

五芝轩

林氏试馆

—— 中共饶平县支部（毛泽覃隐蔽处）旧址

　　林氏试馆——中共饶平县支部（毛泽覃隐蔽处）旧址，位于潮州市饶平县三饶镇邱厝祠（邱氏宗祠）西侧，在城居委东巷林氏宗祠右侧。

　　1921年后，饶平县的学生运动和工农运动迅猛发展。1925年上半年，在广州、汕头、潮州等地读书的饶平进步青年林琼瓒等加入中国共产党，并先后回到县内各地领导工农运动。12月，中共潮梅特委诞生，为饶平县党组织的成立创造了更有利条件。1926年1月，中共饶平县支部在饶城"林氏试馆（民居小屋）"成立。支部党员有林琼瓒、黄世平、詹天锡、杨沛霖、林逸响、詹宗鲁6人，支部书记林琼瓒。中共饶平县支部成立后，支部成员分赴各地积极开展工农运动。四五月，中共汕头地委派杜式哲到饶平发展党团组织，在林琼瓒、黄世平的协助下，至6月全县党员由原有6人增至18人。1926年下半年，中共饶平县支部在工农运动中又吸引了一批优秀骨干入党。余登仁（余丁仁）、詹前锋先后从上海、北京回乡，张碧光（蕉岭县人）受上级派遣来饶参加支部工作。至10月止，全县党员已由上半年18名增至78名。1927年，南昌起义军潮州失败后，毛泽东同志胞弟毛泽覃突围至饶城（今三饶镇）在林氏试馆隐蔽。10 月 6 日，潮州突围的起义军第二十军第三师教导团参谋长周邦采带着沿途收容的 200 多名士兵，辗转到达饶城，闻知朱德驻军茂芝，立即赶到茂芝会合。经他汇报，朱德等始知起义军在潮汕失败情况。接着，周士第还派军需主任周廷恩到饶城，将毛泽覃接到茂芝，尔后分配在第二十五师政治部工作。

林氏试馆原为一民居小屋，曾作为拳馆，建于清代，坐东向西，为土木结构，占地面积 416 平方米。因年久失修，破损严重，现当地政府已重新修复建设。

林氏试馆于 2011 年 4 月被饶平县人民政府公布为县级文物保护单位；2022 年被中共潮州市委党史研究室公布为潮州市中共党史教育基地。

林氏试馆

饶平县第二中学（瑞光台）

—— 饶平县第一个共青团支部成立旧址

饶平县第二中学（瑞光台）——饶平县第一个共青团支部成立旧址，位于潮州市饶平县黄冈镇广场东路 1 号饶平县人民政府大院内。

五四运动爆发后，饶平在外地读书的进步青年陆续回到家乡组织学校师生举行集会示威，传播反帝反封建爱国主义思想，青年学生运动不断得到发展。随着工农革命运动迅速发展，1926 年 1 月，中共饶平县支部于饶城成立。支部党员杨沛霖负责黄冈及沿海的农运等工作。中共地方党组织发展壮大的同时，共青团组织也随之发展。4 月，共青团汕头地委派黄连渊来饶平组建共青团组织。黄连渊抵达黄冈后，在杨沛霖的协助下，于饶平县第二中学吸收青年学生周卓夫、余肇辉、罗海梧、余鹤腾、林书瑞、张骅 6 人为共青团员，建立饶平县第一个团支部，黄连渊任支部书记。在第一次国内革命战争时期，饶平县第二中学的师生投入革命洪流，积极协助黄冈镇工人组织打锡、轮渡、理发等行业工会，到黄冈郊区发动农民建立农民协会，并参加 1926 年夏天全县声势浩大的驱逐饶平县县长蔡田运动。在斗争中，周卓夫、詹炳光、廖静波等共青团员转为共产党员。1927

年 7 月，中共饶平县委在上饶区祠东大坡楼成立。同时成立共青团饶平县委，县委委员李仁华任书记。

瑞光台建于明天启二年至六年（1622—1626），清雍正十三年（1735）重修，1984 年和 2003 年二次修缮。瑞光台坐南向北，占地面积约 675 平方米，为三层八棱形亭园式楼台，土木结构，高 18 米，台基围长 50 米，台顶端正中竖一宝葫芦，高约 2 米。一二层楼台外围有围廊，扶以栏杆，台内有木板梯可通台上，造型构筑奇特，典雅壮观，现保存状况良好。

瑞光台于 1981 年 7 月被饶平县人民政府公布为县级文物保护单位。

瑞光台

詹厝祠

—— 饶平县农民自卫军模范队训练班旧址

詹厝祠——饶平县农民自卫军模范队训练班旧址，位于潮州市饶平县三饶镇区东门内中华路一侧詹氏大宗祠。

1926 年 11 月，为加强党的建设和对工农运动的领导，中共饶平县部委在饶平县城成立。中共饶平县部委成立后，抓紧健全和发展农民协会，举办农民自卫军模范队训练班，培养农军骨干，进一步壮大农军队伍，推动了工人、青年和妇女运动的发展。11 月中旬，饶平县农民协会在省农会派来的农军训练员王思静的协助下，经过筹备和从各地选拔农军骨干受训，同月在饶城詹厝祠举办饶平县农民自卫军模范队训练班。训练班从开办至结业共 4 个月。参加训练的学员共 46 名，来自上饶、饶城、浮山、隆都等地。训练班的教员有省农会农军训练员王思静、县农会主席林琼璜、县教育局李芳柏、潮梅海陆丰办事处特派员王兆周、国民党党部执委周子为及县农会林纪元、陆冠伍等。训练班结业前，学员们都到城郊竹篮村后山（德林楼）进行实弹射击，全面考核鉴定，并由广东省农民协会发给每个学员 1 枚农民自卫军徽章、1 张结业证明书和 1 套灰色军服。训练班结束后，学员回到各自所在地带领农军训练。据统计，经过半年多的训练，饶平自卫军增加至 1 000 多人。

　　詹厝祠建于明朝万历庚申年，坐南向北，为潮汕祠堂建筑，土木结构，总建筑面积为 738 平方米。

　　詹厝祠于 2014 年 11 月被饶平县人民政府公布为县级文物保护单位。

詹厝祠

大坡楼

—— 中共饶平县委成立旧址

大坡楼——中共饶平县委成立旧址，位于潮州市饶平县饶洋镇祠东居委。大坡楼又称大陂楼。

1921年后，饶平县的学生运动和工农运动迅猛发展。1925年上半年，前往广州、汕头、潮州等地读书的林琼璜等饶平进步青年，在外地加入中国共产党，并先后回到县内各地领导工农运动。1926年1月，中共饶平县支部于饶城成立。在其领导下，饶平县工农运动蓬勃发展，党员队伍不断发展壮大。至10月，全县党员已增至78名，分别在新丰、饶城郊区、浮山、黄冈等地建立了8个党小组。11月，中共饶平县部委成立。至1927年4月，全县党员增加至122名。随着革命形势的发展，中共饶平县委于1927年7月在上饶区祠东大坡楼成立，书记杜式哲，委员林琼璜、余登仁、黄世平、张碧光、林逸响、詹前锋、李仁华。同时成立共青团饶平县委，书记李仁华。中共饶平县委辖上饶区委和浮山、黄冈2个支部。新丰、九村、二祠、岭案、双善5个支部，归上饶区委领导。中共饶平县委成立后，着手筹建革命武装。不久，饶北山区形成一个拥有65个乡村3.1万多人口的红色区域，建立起一支 700 多人的农军队伍，成为红色割据的革命基地。1928 年 1 月 28 日，大坡楼遭国民党县长毛琦出兵洗劫，中共饶平县委机关撤往石井（现石北村蔡坑）。

　　大坡楼建于 1726 年，为客家圆寨，建筑占地面积 5 000 平方米。旧址由于年久失修，部分倒塌。

　　大坡楼目前无保护利用级别。

大坡楼

三昧书斋

—— 海山第一个中共党支部成立旧址

三昧书斋——海山第一个中共党支部成立旧址，位于潮州市饶平县海山镇石头社区书斋路。

1927年初，徐观澜（又名徐海）奉组织命令回海山组织农会，任农军队长。同年夏，徐观澜在海山镇石头村三昧书斋建立海山第一个党支部并任支部书记。海山第一个党支部隶属中共澄海部委领导。当时，石头村还有徐鸿音、徐维蕃、徐昭武3人入党，参加支部工作。之后，石头村农会和农军在海山党支部的领导下，经常在三昧书斋、下徐馆、福和闲间集结，开展秘密活动。9月，接中共澄海县委指示，为策应南昌起义军下潮汕，石头村农军（后改为赤卫队）一面筹集武器，一面夜间分头到黄隆渡口、雨亭等主要路口张贴革命标语，散发传单，开展政治攻势，使国民党当局坐立不安。年底，饶平县署下令通缉徐观澜，查捕革命人员。徐观澜被迫转至大南山，其家被勒索"花红钱"300光洋。至此，石头村赤卫队转入隐蔽斗争。1929年，徐观澜重返石头村，恢复党支部和赤卫队组织。

三昧书斋始建于清朝道光年间，坐北向南，为砖木结构，建筑面积232

平方米，建筑格局为一厅二房，一个天井，左侧巷一厅二房。东面有个门楼亭，进去后又有一个大圆门。旧址由于无人管理，年久失修，整体破旧。

三味书斋暂无保护利用级别。

三味书斋

邱厝祠

—— 中共饶平县部委及党团联席会议旧址

邱厝祠——中共饶平县部委及党团联席会议旧址，位于潮州市饶平县三饶镇城村东门内。

1926 年下半年，中共饶平县支部在工农运动中又吸收刘瑞光、余登仁、詹前锋等一批优秀骨干入党，至 10 月止，全县党员已由上半年的 18 名增至 78 名，分别在新丰、饶城郊区、浮山、黄冈等地建立了 8 个党小组（1926 年秋，隆都党组织划归澄海县党组织领导）。

11 月，为加强党的建设和对工农运动的领导，根据汕头地委批准，在饶城成立中共饶平县部委，书记林琼璜，部委设在邱厝祠。随着党员人数的增加和革命形势的需要，新丰、九村、龙潭角、茂贝、饶城、浮山、黄冈先后建立了党支部。年底，中共饶平县部委在饶城邱厝祠召开党团联席会议。参加这次会议的有杜式哲、林琼璜、余登仁、詹宗鲁、廖静波、詹炳光、詹籍任、林纪元等 10 余人。会上提出继续扩大农会及农民自卫军，加强发展党团组织，并把上饶和饶城划成四个片，由县农会委任詹籍任、詹炳光、林纪元、廖静波为联络员。詹籍任负责上饶岭脚及双善一带，詹

炳光负责茂芝至埔坪一带，林纪元负责河口至粮田一带，廖静波负责山美、西陂一带。

邱厝祠建于明代，坐南向北，土木结构，为潮汕祠堂建筑，总建筑面积438平方米。

邱厝祠目前无保护利用级别。

邱厝祠

土地革命战争时期

（1927— 1937）

涵碧楼

——南昌起义军第二十军第三师司令部和警备司令部旧址

涵碧楼——南昌起义军第二十军第三师司令部和警备司令部旧址，位于潮州市湘桥区太平街道西湖公园内。

1925 年 3 月，东征联军进驻潮州时，黄埔军校政治部和学生军办事处设在涵碧楼，政治部主任周恩来在此办公。第二次东征的国民革命军再克潮州，涵碧楼仍是东征军领导人活动的重要场所。黄埔军校政治部主任兼东征军总政治部主任周恩来仍在此办公。1927 年 8 月 1 日，南昌起义军占领南昌后，随即南下，于 9 月 23 日占领潮州，期间第二十军第三师（师长兼潮州警备司令周逸群，政治部主任徐特立）师部和警备司令部亦设于涵碧楼。潮州作为南昌起义军的后勤保障基地，第三师配合中共潮安县委、县革命委员会，为起义军筹款、筹粮、筹物资，并协助潮安县农民自卫军攻克国民党民团据点。9 月 30 日，国民党军黄绍竑部两个师 9 000 余人围攻潮州城，第三师 600 余名官兵与敌激战整日后撤出潮州城。占领潮州期间，起义军建立了 7 天的红色政权——潮安县革命委员会，史称"潮州七日红"。

涵碧楼建于 1922 年，抗日战争期间被日军炸毁，1964 年重建，并辟为潮安县革命历史文物陈列馆，至今保存完好。全国人大常委会副委员长郭沫若为涵碧楼题写楼名。涵碧楼占地面积 2 820 平方米，建筑面积 930 平方米，是一幢两层的小洋楼。2019 年，潮州市启动涵碧楼革命纪念馆改造提升项目，并于 2020 年 1 月竣工。改造升级后的涵碧楼，主楼布展面积约440 平方米，展线 77 米，基本陈列主题为"潮州七日红 青史垂千秋"，展品 19 件，同时融入科技元素，新增 VR 等设备，提高参观者的体验感。

涵碧楼于 1987 年 12 月被潮州市人民政府公布为潮州市文物保护单位；2002 年 7 月被广东省人民政府公布为广东省文物保护单位；2011 年 9 月被中共广东省委党史研究室公布为广东省中共党史教育基地；2014 年 12 月被广东省精神文明建设委员会、中共广东省委宣传部公布为广东省爱国主义教育基地。

涵碧楼

叩齿庵

—— 南昌起义军第二十军第三师政治部旧址

叩齿庵——南昌起义军第二十军第三师政治部旧址，位于潮州市湘桥区太平街道西平路南段城南小学东侧。

1927 年 9 月 23 日，周恩来、贺龙、叶挺、彭湃、刘伯承等率南昌起义军进占潮州。24 日，周恩来率总指挥部人员移驻汕头。起义军主力分别在三河坝和揭阳阻击敌人。起义军第二十军第三师师长周逸群、师党代表兼政治部主任徐特立率领官兵分别负责守卫潮州和汕头，其中潮州 600 人，汕头 400 人。师部与警备司令部（周逸群兼司令）设在西湖涵碧楼，师政治部设在城南的叩齿庵和边侧韩文公祠旧址。徐特立带领政治部的工作人员，在城中各处张贴国民革命军第二方面军总指挥贺龙发布给全城的安民告示；在大街小巷宣传南昌起义的重大意义，发动潮州人民起来反抗国民党政府的压迫；在潮安党组织的配合下，深入到受难烈士蔡英智家中慰问；派出女兵进驻潮安邮电局和电报局，检查来往信件和负责电报收发工作；积极协助潮安县委、县革命委员会为起义军筹款、筹粮、筹物资。9 月 30 日上午，国民党军黄绍竑部两个师 9 000 余人围攻潮州城，政治部大部分官兵参加了保卫潮州城的战斗。战斗坚持整日后，因众寡悬殊，起义军伤亡惨重，于当日傍晚分散突围。政治部主任徐特立于 10 月 3 日参加了起义军总指挥部在普宁流沙召开的会议后，辗转去了上海。

叩齿庵始建于唐朝。寺院坐北朝南，分三进，首进为金刚殿，二进为大雄宝殿，三进为藏经楼。占地 12 430.05 平方米。1947 年修建后称"叩齿古寺"，并由两广监察使刘侯武书匾，1987 年至 2003 年由方丈释宏生募巨资全面重建并扩建东院。2014 年修缮后，现保存良好。

叩齿庵于 1980 年 12 月被潮州市人民政府公布为潮州市文物保护单位。

叩齿庵

潮州交通旅社

—— 中央秘密交通线中转站遗址

潮州交通旅社——中央秘密交通线中转站遗址，位于潮州市湘桥区太平街道卫星二路水晶西巷对面无名小巷西北侧综合楼 A 幢。

潮州交通旅社是土地革命战争时期中共中央开辟的从上海—香港—汕头—潮安—大埔—青溪—永定，进入瑞金中央苏区的红色交通线潮州段的地下交通线中转站，老板吴寿庆，为大埔县印尼归侨。从 1930 年至红军长征前，由上海经潮州、大埔这条中央秘密交通线进入江西中央苏区的党政军领导干部共计 200 多人，领导干部从汕头乘火车到潮州，在交通旅社住宿或用餐，再到上水门外码头乘船北上。第一次较大规模转移是在 1930 年冬天至 1931 年春天，任弼时、刘伯承、项英、左权、徐特立、张爱萍、伍修权等大批干部经潮州交通旅社转大埔、青溪进入中央苏区；第二次是在 1931 年 4 月顾顺章叛变之后，周恩来、邓小平、聂荣臻、李富春、邓颖超、董必武等人经此秘密交通线进入中央苏区；第三次是在 1933 年 1 月，由于中共临时中央政治局在上海无法立足，博古、陈云、李维汉、谢觉哉、瞿秋白、李德等人也经潮州交通旅社转移进入中央苏区。这是唯一一条自始至终没有被破坏的交通线。它不仅是白区进出中央苏区的重要渠道，还是中央苏区对外通信的重要窗口和物资及活动经费的补给线。途经潮州的这条秘密交通线被誉为"红色交通线"。

潮州交通旅社在新中国成立后被改建为占地约400平方米的8层居民住宅楼。

潮州交通旅社原址改建的居民楼

黄氏宗祠

——"潮州七日红"前后中共潮安县委驻地旧址

黄氏宗祠——"潮州七日红"前后中共潮安县委驻地旧址，位于潮州市潮安区江东镇仙洲村。

1927 年 8 月 1 日南昌起义后，中共潮安县委为了更好地开展工作，发动和组织潮安工人、农民策应南昌起义军南下潮州，将县委机关从枫溪山边村改设于成记书斋，后迁至黄氏宗祠内办公。当时县委书记林务农，组织部长陈府洲，宣传部长龚文河，委员林谦、许筹、赖其泉、孙应采（女）。仙洲村人民在潮安党组织的领导下，为了策应南昌起义军，村农会组织了一支赤卫队，进行破坏铁路、破坏通信、散发革命传单、张贴革命标语等活动。

9 月 23 日，南昌起义军进驻潮安县城后，潮安县委机关从仙洲迁入潮安县城，9 月 30 日，国民党军队 9 000 余人围攻潮安县城，几经激战后，南昌起义军于当天傍晚分别向饶平和普宁流沙方向撤退，县委再次迁回江东仙洲村。县委在返回仙洲村的途中还收容了山边村转移到江东仙洲一些起义军的伤病和失散人员，分别安置在各村农会骨干家中掩护和进行治疗，仙洲村农会和赤卫队则负责做好县委机关安全保卫和粮食物资供应工作。10月上旬，林务农因工作需要调离潮安返回海丰工作，县委书记职务交由许筹代理，后由原潮安县部委农运书记方临川接任。

该旧址占地1 000平方米，是一座两厅一庭的二进式祠堂，为典型的潮汕地区"四点金"建筑风格。2003年经重修后保存完好。仙洲村规划布设革命史资料陈列，对外开放，开展爱国主义教育。

仙洲黄氏宗祠（"潮州七日红"前后中共潮安县委驻地旧址）于2007年9月被潮安县委宣传部公布为潮安县爱国主义教育基地；2020年4月被潮州市人民政府公布为潮州市文物保护单位；2022年7月被广东省人民政府公布为广东省文物保护单位。

黄氏宗祠

双抛祠

—— 中共潮安县委机关驻地旧址

双抛祠——中共潮安县委机关驻地旧址，位于潮州市潮安区龙湖镇鹳巢四村。

1927年6月，中共潮安县委成立，10月，南昌起义军撤离潮安之后，县委机关从潮安县城迁回仙洲村，先后设于东莆都西林村和隆津都鹳巢村，鹳巢双抛祠成为县委机关驻地。此间，中共潮安县委领导先后有代理书记许筹，书记方临川（1928年2月牺牲）、陈木合（1928年6月牺牲）、林中、方方、杨少岳（1930年9月牺牲）。他们先后带领县委在机关驻地双抛祠工作，领导潮安人民群众，建立工农武装，举行了多次武装暴动，并创建了归仁、登荣两个山地游击区。1928年秋末，中共广东省委书记李源来潮梅地区传达中共六大精神，曾在双抛祠住了两个晚上。1929年秋收前，鹳巢乡苏维埃政府成立，驻地也设在双抛祠。1930年底，中共潮安县委和中共澄海县委合并为中共潮澄澳县工作委员会，潮澄澳县工委机关驻地转移到澄海。

双抛祠始建于清朝光绪年间，由春实公祠和仕魁公祠两个祠堂相连中间共用一条巷组成，是潮汕民间特有的建筑格局，建筑面积约 850 平方米，保护范围面积 1 405 平方米，整体建筑结构完整，但左边火巷由于年久失修，已有部分屋顶破漏。春实公祠主体结构完整，内部装饰精美清晰。仕魁公祠主体结构完整，但墙面剥落严重，无特殊装饰。

双抛祠

柑桔场

—— 南昌起义军南下广东潮汕周恩来演讲遗址

柑桔场——南昌起义军南下广东潮汕周恩来演讲遗址，也是"劫火车军火案"战斗遗址，位于潮州市潮安区龙湖镇鹳巢四村。

1927 年 9 月 24 日，南昌起义军总指挥部从潮州出发开赴汕头，隆津区农会会员在李子俊、李绍法、曾日昌、郭永达等人的带领下，列队在潮汕铁路两旁，欢迎、慰问乘坐火车开赴汕头的中共前敌委员会和革命委员会的领导以及起义军官兵。前敌委员会书记周恩来到达鹳巢火车站时，特地停下来，向聚集在铁路东面柑桔场的欢迎群众讲演革命道理，鼓励工农奋起斗争。

12 月 14 日，为配合广州起义，中共潮安县委组织第二独立团和鹳巢、西林、林妈陂等地的赤卫队，埋伏在鹳巢车站东面花楼后塘（柑桔场），西面"的禾坟""风吹坟"等地的柑桔场里。上午八点多钟，从汕头开往潮州的国民党军用列车到达鹳巢车站时，埋伏在柑桔场的工农武装迅猛包围了列车，向列车投掷燃烧着拌有洋油的面粉团，与车上敌军展开激烈战斗，伤、毙敌 10 多人，鹳巢赤卫队员李胡坚、李木泉在战斗中壮烈牺牲。

柑桔场占地面积 457.3 平方米，保护范围面积 4 416 平方米。内有 1989 年所建二层平屋顶砖混建筑一座，建筑面积 457 平方米，现主体结构完整，但部分墙面年久失修，出现墙面开裂以及部分墙面结构脱落的现象，且存在老化严重而且地基太软及地平太低的潜在危机，亟需修缮或重建。该遗址被中共广东省委宣传部列入全省三条重点打造的红色革命遗址群线路中的"南昌起义军南下广东线路"上的遗址点。由鹳巢革命烈士纪念公园管理处统一进行保护和管理。

柑桔场

刚克公祠

—— 广东工农革命军东路第二独立团驻地旧址

刚克公祠——广东工农革命军东路第二独立团驻地旧址，位于潮州市潮安区沙溪镇上西林村。

1927年10月底，中共潮安县委根据中共中央南方局和广东省委联席会关于"全省工农讨逆军一律改称为工农革命军"的决定，把潮安农民自卫军扩编为广东工农革命军东路第二独立团（简称第二独立团），许筹为团长，方方为党代表，李英平为参谋长（南昌起义军留下的武装干部）。1928年4月3日，中共东江特委召开各县县委书记会议，讨论暴动问题。会议确定以潮安为暴动中心，调澄海武装队到潮安助战。5日，中共潮安县委发动了暴动，第二独立团和部分赤卫队攻打登塘乡郭进元民团。敌人凭借地形优势和强大火力据守顽抗。第二独立团围攻一天无果后，根据县委的指示，分两路转移到敌人统治力量较薄弱的地方去。第二独立团长枪队在原县委委员、县农军负责人赖其泉和参谋长李英平的带领下，转移到上西林村，驻扎在刚克公祠，配合东莆区党组织坚持斗争。

1928年底，由于国民党军队不断进行围攻和搜山捕人，驻扎在上西林村的第二独立团在与敌军激烈的战斗中伤亡不断，兵员日减，并被敌军困守在桑浦山中，给养困难，势难在此地立足，除部分领导骨干突围转移至大北山外，其余人员分散回乡隐蔽，或出走外地。

刚克公祠创建年代不详，建筑占地面积400平方米。刚克公祠朝西，分前厅、后厅二进与两廊及天井连成一个整体，原地面破损，墙体氧化、损毁，屋顶有缺漏。

2021年，刚克公祠经修缮后，办成"桑浦山革命斗争史料展"。

刚克公祠于2020年4月被潮州市人民政府公布为潮州市文物保护单位。现已被市、区有关部门公布为潮州市中共党史教育基地、潮州市委党校党性教育基地、潮州市关心下一代党史国史教育基地、潮州市潮安区爱国主义教育基地、潮州市潮安区青少年爱国主义教育基地。

刚克公祠

世田大石岩

—— 红十一军军部旧址

．
．
．
．
．
．
．
．

世田大石岩——红十一军军部旧址，位于潮州市潮安区登塘镇世田村。

1928 年三四月，中共东江特委派出古大存、李斌来到潮安北部的归仁区（现古巷、登塘一带）与中共潮安县委委员、归仁区委负责人张义廉联系，商议建立革命据点。1928 年 8 月以古大存为首的"五县暴动委员会"在梅县发动畲坑暴动胜利之后，又与潮安和揭阳的党组织联系，召开七县联席会议，建立暴动委员会，在潮揭丰边区和饶埔丰边区开展工农武装革命斗争。东江各县农民自卫军在中共东江特委的领导下发展壮大起来。

1929 年，东江红军加紧在潮安、丰顺、揭阳之间建立山地游击区，开展游击战争，并在归仁区世田村设立第二军区。世田村茂密树林中的大石岩，以天然巨石覆盖形成洞室，洞内高两三米，虽不宽敞，但后面有出口直达山顶，能进退自如，红军和赤卫队的斗争活动就是以此为据点开展。

1930 年 6 月，红十一军军长古大存率领四十六、四十七团和教导团共 2 000 余名红军，进入归仁区，开展攻打潮安县城的筹备工作。红十一军军部就设在世田村的大石岩，后勤站设在大、小葫芦村。古大存先后率领红军攻打了揭阳埔田的湖下、新圩的下坝和东寮，随后又攻占了新圩镇。古大存三次率部攻打潮安县城，先后与敌军展开了激烈的运动战和阵地战，均因敌强我弱而失利，后率部退回了八乡山根据地。

2017 年，世田村被中共广东省委组织部定为"红色村"，2020 年被中央组织部定为"红色美丽村庄建设试点村"。日前，该村正在进行"红色村"党建示范工程建设，对年久失修、破损严重的革命遗址进行保护和修复，建成后对外开放，作为开展爱国主义教育的基地。

世田大石岩

管氏祖祠

—— 潮安县革命委员会成立旧址

管氏祖祠——潮安县革命委员会成立旧址，位于潮州市潮安区登塘镇白茫洲村。

1929 年，国民党各派军阀不断爆发战争，全国陷入军阀混战的局面，这种形势对于革命斗争的发展非常有利。这时，国民党在潮安的驻军只有 6 个连的兵力，战斗力不强。中共东江特委抓住这个有利时机，于三四月份派东江特委农运部长卢笃茂到潮安帮助县委开展工作，先后恢复或成立了农会，建立了区、乡赤卫队，袭击反动民团，扩大了革命影响。10 月，东江红军总指挥古大存率领东江工农革命军四十六、四十七团来到潮安西北部的归仁区，开辟潮（潮安）揭（揭阳）丰（丰顺）边革命根据地，由此掀起了潮安的革命斗争高潮。中共潮安县委抓住这一有利时机，在东江红军的配合下，在靠近丰顺、揭阳边界的归仁区广泛发动群众，开展武装斗争，创建山地游击根据地。从此，归仁区的革命斗争就与八乡山革命根据地联为一体。

1929 年 4 月下旬，中共潮安县委在归仁区白茫洲村（现登塘镇白茫洲村）管氏祖祠举办了全县党团员学习班，由县委书记方方主持，传达贯彻中共六大会议精神和广东省委第二次扩大会议的有关决定，全县参加学习的党团员有 70 多人。同年冬，潮安县委成立了归仁区苏维埃政府，主席蓝亚怀（化名蓝水生）。

1930 年春，东江特委又派出卢笃茂红军短枪队，深入潮安县东北部的登荣区，发动群众，开辟新的山地游击区，建立了一支 30 多人的赤卫队，成立了登荣区苏维埃政府。全县革命斗争形势迅速好转，有 13 个区开展了农运工作，50 多个乡村建立了农会，并发展了一批革命活动点。

同年 4 月，卢笃茂等人协助潮安县委在管氏祖祠有计划地举办赤卫队训练班，提高赤卫队队员的作战技术和本领。

同年 4 月，中共潮安县委在白茫洲村成立了潮安县革命委员会红色政权，张义廉任主席。县革委会机关设于村中的管氏祖祠。潮安县革命委员会下辖归仁区苏维埃政府、登荣区苏维埃政府。

1930 年 8 月，国民党军队六十二师二四五团孔可权部的第一、三营及直属队，驻丰顺的教导团陈均仁营，会同潮揭丰三县警卫队，围剿潮揭丰边的革命乡村，潮安县革命委员会和归仁区苏维埃政府均遭到严重破坏，机关所在地管氏祖祠被烧毁，仅存祠堂大门。

该旧址为典型的潮汕地区"四点金"建筑风格，占地面积 385 平方米，1930 年 8 月被国民党军队烧毁。1991 年，白茫洲村管氏族人在原址上重修管氏祖祠，恢复原貌。

管氏祖祠

黄氏家庙

—— 中共潮澄澳县委机关旧址

黄氏家庙——中共潮澄澳县委机关旧址，位于潮州市潮安区庵埠镇大桥村。

1929 年，中共东江特委派了两个海丰籍的革命干部来到大桥村活动，在村里秘密串连，使群众对革命事业有了初步的认识。1931 年冬，中共潮澄澳县委机关设在大桥村的黄氏家庙，县委书记李崇三，县委委员陈耀潮（陈牛屎）、陈府洲、张义恭（张敏）、辛国基等人都曾在此办公。庵埠、樟东区委及铁路总支的领导经常来这里汇报工作。马西村的老年妇女马西姆是县委的交通员，经常撑着一把雨伞来送情报。

在潮澄澳县委的发动下，大桥村的黄木松、黄淑锦等人走上了革命道路，黄木松后来还当上中共潮澄揭县委委员。这期间，大桥村办起了识字班，共产党员郭懊柴（后任庵埠区委书记）、林树当教员，首先教大家写"打倒国民党""拥护共产党"的标语，让大家学习后到处涂写标语、发传单、插小旗子，以造革命声势。这期间，红军和游击队经常驻扎在大桥村，帮助大桥村成立地下武装，配合游击队袭击敌人的炮楼和打击土豪劣绅，曾攻打了汕头岐山和月浦的炮楼。

　　1934年7月15日夜，国民党潮安侦缉队队长李映高带领侦缉队，以查户口为名，包围了大桥村，当时，驻在黄氏家庙内的县、区党组织领导亚标、岳怀、郭懊柴等同志，机警地躲进祠堂巷的楼仔顶和祠堂内龛顶。敌军把群众驱逐在祠堂前集中，进行威逼利诱，群众都闭口不说，敌人抓走了8名群众，郭懊柴等人在群众的掩护下安全脱险。9月，国民党侦缉队再次"围剿"大桥村，目的是来抓黄木松，黄木松不在家，便抓去了他的母亲和哥哥。

　　该旧址始建年份不详，占地面积1 150平方米，为二进双火巷建筑。1969年至1982年用于竹器厂仓库，1983年至1995年为大桥小学校址，1988年祠堂前寮进行修缮，内部两廊结构改建，格局略有改变。主厅年久失修，桁梁老旧；雕梁画栋曾遭受破坏，现状不堪，处于危房结构，等待修缮。

黄氏家庙

杨柳居

—— 中共潮澄饶县委机关旧址

杨柳居——中共潮澄饶县委机关旧址，位于潮州市潮安区凤凰镇庵下村打埔峚。

1934 年 10 月，中共潮澄澳县委在浮凤区坪溪杉坑村倒插巷山的炭窑中召开县委扩大会议，根据中共东江特委的指示，决定更名为潮澄饶县委，书记仍为陈信胜，组织部长陈耀潮，宣传部长陈圆圆。县委机关由杉坑村移至浮凤区打埔峚村杨柳居（今属潮安区凤凰镇）。

1935 年 1 月，县委在杨柳居召开扩大会议，东江特委书记李崇三到会传达东江特委的决定，由于潮澄饶工作重点的转移，为继续加强对平原地区及"围剿"斗争的领导、使各地区在反"围剿"斗争中能灵活应战，决定把潮澄饶县委划分为潮澄饶、潮澄揭两个县委。潮澄饶县委书记张敏，组织部长陈耀潮，宣传部长文锡响。新成立的潮澄饶县委在浮凤区发动群众，开展分田运动，建立区、乡苏维埃政府，浮凤根据地得到了巩固和发展，6 月，国民政府第三军第九师邓龙光部攻陷大南山根据地后，大举发兵向潮澄饶进攻。8 月，邓龙光以约两个团的兵力"进剿"浮凤苏区。9

月，县委、县革委机关被叛徒引敌包围破坏。10月初，潮澄饶县委领导人张敏等从这里突围转移至福建诏安坪路。

该旧址是一座"四点金"式民房，占地150平方米左右，居高临下，四面环山，仅有陡坡小道可以进去，年久失修，破损严重。

杨柳居

内崀林氏公厅

—— 潮澄饶县革命委员会成立会址

内崀林氏公厅——潮澄饶县革命委员会成立会址，位于潮州市叫水坑村。浮凤区根据地位于潮、饶、丰交界的山区，包括现在潮安的凤凰全部区域，饶平的坪溪、浮滨、浮山、汤溪的全部区域和新塘的部分乡村。

早在土地革命战争时期，中共东江特委曾派短枪队活跃于叫水坑村一带，建立村苏维埃政权和赤卫队，开创"赤色联防"，发动群众打土豪、分田地，涌现了赤卫队队员林知记烈士和交通员林炳春等革命人物。林炳春是潮澄澳县委交通员，不论白天黑夜，也不论天寒地冻或烈日暴雨，他都勇往直前，日行一二百里，出色地完成交通任务，被称为交通线上的"千里马"。1934 年 10 月，潮澄饶县革命委员会成立会议在内崀林氏公厅举行，县委印刷所、政治保卫队设在该村半山腰，村民踊跃参与，为红军队伍源源不断输送竹制军壶斗笠、草鞋草药等物资，成为浮凤苏区大后方。1935 年 7 月，叫水坑村在内崀林氏公厅成立了苏维埃政府。9 月，国民党邓龙光师对凤凰山根据地团团围攻。这时，原中革军委直属的红九团副营长邓珊带领一支小分队来到叫水坑村，住在内崀林氏公厅。邓珊了解了凤凰山根据地被围困的情况，登上周边的山峰了解地形和形势后提出，面对强敌，根据地难以守住，建议潮澄饶红军主力向闽粤边界转移，开辟新的根据地，然后以乌山为依托，开展游击战争，伺机再图凤凰。潮澄饶县委接受了邓珊的建议，带领红军向福建转移。叫水坑村遭国民党反动武装洗劫，村子被惨绝人寰地焚烧了9次。

叫水坑内崀林氏公厅作为凤凰山革命根据地之一，是革命时期英勇先烈浴血奋战的场所。

该旧址始建于清朝，为潮汕地区"四点金"格局，建筑风格又似客家土砖瓦结构。1935年9月被国民党军队烧毁。1991年在原址上重建恢复原貌。2020年，在旧址内展陈浮凤根据地光辉历史。

2020年，内崀林氏公厅被潮州市人民政府公布为潮州市文物保护单位。

内崀林氏公厅

林氏宗祠

—— 中共潮澄澳县委活动旧址

林氏宗祠——中共潮澄澳县委活动旧址，位于潮州市潮安区江东镇西前溪村。

土地革命战争时期，先后成立的中共潮澄澳县工委、县委归属中央苏区中共闽粤赣边区特委、东江特委领导。由于西前溪具有良好的革命基础，1931 年 5 月，潮澄澳县委书记李子俊带领县委机关人员驻扎在西前溪村林成举、林裕锡的家中。1930 年底，中共中央开辟了一条从上海经香港、汕头、潮安、大埔、永定进入中央苏区的秘密交通线。潮澄澳县委为了配合和保障这条交通线的安全畅通，在潮汕铁路线恢复了党总支，在韩江的两艘电船上建立党总支，在潮安县城内的交通旅社建立地下交通站，铁路沿线和韩江各码头都有地下工作者，他们积极配合着秘密交通线开展工作。

林成举，生年不详，于 1926 年参加中国共产党，先后担任西前溪村农会负责人、村第一任党支部负责人。1929 年春，林成举在县委领导人李子俊、陈耀潮等带领下，在周边及庵埠等地团结教育农民，发动群众秘密恢复农会活动，发展党的组织。1930 年底，在中共闽粤赣边区特委领导下，潮澄澳工委成立后，林成举担任基层党组织负责人及潮澄澳工委交通员等职。1935 年 3 月，林成举和林义昌率隆澄游击队袭击江东井美村，活捉国民党区长、副区长等十多人，缴获武器一批，此后潮澄饶边区遭到国民党军队的严重摧残，林成举脱险到新加坡后，继续坚持参加革命活动。1946 年，林成举在一次执行任务后病故。

林裕锡（1912—1936），1927 年 9 月，他从省立第二师范学校（潮州韩山师范学院）回到家乡参加革命斗争，成为村中赤卫队的骨干，是年冬参加中国共产党。1928 年春，西前溪村建立了党支部，林裕锡成为支部负责人之一。4 月起，由于国民党军警多次对各革命乡村进行"围剿"，林裕锡先后在桑浦山及饶平的隆都，澄海的上华，庵埠的刘陇、郭陇等地开展工作。1932 年 11 月，林裕锡参加中国工农红军东江独立师第二团第三连，后任指导员。林裕锡所在的红三连及此后的红三大队在潮澄饶澳转战山区和平原，为开创浮凤苏区作出了重大贡献，立下了不可磨灭的功绩。1935 年 9 月间，红三大队等武装队伍向饶诏边境转移，林裕锡仍留在江东、秋溪一带坚持革命斗争，在执行任务中不幸被捕。同年 9 月被杀害于澄海隆都店市。

新民主主义革命时期，西前溪村为中国的革命胜利先后光荣牺牲的烈士有 7 位，为新中国成立作出了积极的贡献。

林氏宗祠占地面积 312 平方米，为民国初期南洋华侨回乡建造，是一座二厅一庭四房的"下山虎"潮派建筑，为典型的潮汕地区"四点金"建筑风格。2012 年经重修后目前保存完好，现由侨眷代为管理。

林氏宗祠

三平礤村文厝文冬舟家

—— 潮澄饶县革命委员会机关旧址

三平礤村文厝文冬舟家——潮澄饶县革命委员会机关旧址，位于潮州市潮安区凤凰镇三平礤村文厝。

1934年10月，中共潮澄澳县委在浮凤区杉坑村（今属饶平）倒插巷山的灰窑中召开县委扩大会议，根据东江特委的指示，会议决定将潮澄澳县委更名为潮澄饶县委的同时，着手建立县一级工农政权。10月，潮澄饶县革命委员会在浮凤区叫水坑村成立，机关设于三平礤村文厝文冬舟家。主席为陈耀潮，秘书为张镇波，委员为郑国南、贝必锡、黄芝固、陆利等。

1935年2月，潮澄饶县委成立分田委员会，张敏任主任。分田委员会成立后，在浮凤区三平礤举办半个月分田骨干训练班。三四月，县革委会在浮凤区发动群众分田。6月底，浮凤区在三平礤召开建立苏维埃政府筹备会议，张敏和陈耀潮主持了这次会议。7月初，成立浮凤区苏维埃政府。三平礤等村也相继成立了苏维埃政府。国民党邓龙光师在攻陷大南山根据地后，集中兵力"围剿"浮凤根据地，9月10日，敌军包围三平礤村县革委会机关，县革委会人员突围后向诏安坪路转移。

该旧址为两间土木结构平房，面积约 35 平方米，原址已倒塌，2021 年在原址上重建。

2020 年，三平礤村文厝文冬舟家被潮州市人民政府公布为潮州市文物保护单位。

文冬舟家

廖氏苍涯公祠

—— 中共潮澄揭县委活动旧址

廖氏苍涯公祠——中共潮澄揭县委活动旧址，位于潮州市潮安区金石镇廖厝村。1935 年 1 月，中共东江特委由于潮澄饶县委工作重点的转移，为能继续加强对平原地区反"围剿"斗争的领导，将潮澄饶县委划分为潮澄饶、潮澄揭两个县委。潮澄揭县委于 2 月正式成立，书记陈圆圆，委员许日新、张名青等。下辖上莆区委、庵埠区委和铁路总支。潮澄揭县委成立后，党组织和游击队经常到廖厝村，活动场所就在苍涯公祠。

4 月 21 日，潮澄揭县委在廖厝村苍涯公祠秘密开会。当晚，由于反动地主廖大志告密，敌军突然包围了廖厝村。突围时，县委书记陈圆圆中弹牺牲，妇女干部蔡巧香、黄玩娟受伤被捕，后在潮州遭杀害。陈圆圆牺牲后，书记由陈锦豚（陈无汗）接任。不久，游击队在廖厝村巧捕反动地主廖大志，押到塔下山脚进行镇压。

廖氏苍涯公祠建于 1916 年，抗日战争期间被敌机炸毁，2007 年，廖厝村众裔孙集腋成裘、重修完缮。

廖氏苍涯公祠，属三合土夯建筑一厅二房，现为房族养老场所。

廖氏苍涯公祠

陈厝追远堂

—— 池湖农民协会旧址

陈厝追远堂——池湖农民协会旧址，现为陈氏宗祠，位于潮州市枫溪区路东办事处池湖村池湖二房祠旁。

1927 年 9 月 20 日，南昌起义部队从江西南昌南下，经大埔三河坝沿韩江进驻潮州。周恩来、贺龙等领导同志和起义部队在潮州播下了革命种子。部队的部分指战员驻扎在枫溪的池湖陈厝追远堂和步熙祠堂等处。他们宣传中国共产党的主张和革命的道理，扩大了共产党的影响。家住步熙祠堂旁边的陈豪杰热情地接待了部队官兵。他受进步思想的影响，接受了革命的道理并光荣地加入了革命队伍。起义部队离开潮州后，党组织派共产党员谢汉一和方方同志来到池湖领导农民运动。不久，在陈厝追远堂成立池湖农民协会，并选举陈豪杰为农民协会会长，先后参加农民协会的成员有：陈炳壮、陈国良、陈其祥、陈其成、陈元通、陈清木、陈从佑、陈才存、陈明枝、陈正隆、陈两全、陈松水、陈天富、陈如顺、陈如得、陈合木、陈锦祝、陈炳葵、陈老暖等。这里因此成为大革命时期的红色据点。

陈厝追远堂现名为陈氏宗祠，建于康熙甲午年，长约 12 米，宽约 15

米，占地约 180 平方米，高约 3.5 米。单层、砌体结构，中有石柱、木梁。外墙砖画保存较为完好。最近一次修复为 2003 年。现主要作祭祀使用，并未作为革命遗址使用，内无与革命相关的物品陈列，无专门管理机构及经费维护。

　　保护级别暂定为县级（未挂牌），利用级别未定。

陈氏宗祠

全德学校

—— 南昌起义军茂芝军事决策会议旧址

全德学校——南昌起义军茂芝军事决策会议（又称"茂芝会议"）旧址，位于潮州市饶平县上饶镇茂芝社区，距省道丰柏线 50 米。

1927 年八一南昌起义后，起义军南下广东。朱德率起义军第九军教育团和第二十五师 3 000 多人经历三河坝战役后，于 10 月 5 日撤退至饶平上饶的茂芝。次日，获悉起义军主力在潮州失败的消息后，部队官兵思想受到影响，一时军心浮动。与前敌委员会失去联系，周围又是国民党重兵堵截，部队陷入随时被围歼或自行解散的严峻处境，朱德同几位领导干部商议后，分头到部队召开党员和部队骨干会议，做好指战员思想政治工作，初步稳定部队情绪。10 月 7 日上午，朱德同志在茂芝全德学校主持召开团以上干部军事决策会议。参加会议有二十五师师长周士第、二十五师党代表兼政治部主任李硕勋，七十三团党代表陈毅等 20 多位军事干部。会议决定继续高举南昌起义的旗帜，保留一支成建制的部队，进行武装斗争，并作出"穿山西进，直奔湘南"的重大军事决策。此后，这支南昌起义部队在朱德的领导下千里转战，于 1928 年 4 月与毛泽东率领的秋收起义部队在井冈山胜利会师。茂芝会议在危急关头挽救了这支南昌起义部队，保住了革命的火种，是决定我党我军前途命运的一次重要会议。

全德学校原名龙冈书室，建于清康熙年间，民国初改名为全德学校，取意道德上完美无缺。旧址为土木结构平房，坐北向南，占地面积135平方米，建筑面积81平方米，保护范围面积400平方米。2017年进行修缮，重新布置展览，设置朱德、周士第、李硕勋、陈毅、王尔琢5人塑像，艺术展示南昌起义军茂芝军事决策会议的场面。

全德学校于2009年9月被潮州市精神文明建设委员会公布为潮州市爱国主义教育基地；2013年12月被中共广东省委党史研究室公布为广东省中共党史教育基地；2017年11月被中共广东省委宣传部、广东省国防教育领导小组公布为广东省国防教育基地，被中共广东省委党校、广东行政学院公布为广东省干部党性教育饶平茂芝教学基地；2019年4月被广东省人民政府公布为广东省文物保护单位。

全德学校

麒麟岭

—— 送别南昌起义军旧址

麒麟岭——送别南昌起义军旧址，位于潮州市饶平县上饶镇康东村东北面，面对丰柏线，连接大山坡，因山体形似"麒麟吐火、鲤鱼上天"而得名。

1927 年八一南昌起义后，起义军南下广东。朱德率起义军第九军教导团和第二十五师 3 000 多人经历三河坝战役后，于 10 月 5 日撤退至饶平上饶的茂芝。朱德于 10 月 7 日在茂芝全德学校主持召开军事决策会议（即茂芝会议），作出"穿山西进，直奔湘南"的重大军事决策后，当天下午，即率领起义军从麒麟岭出发离开茂芝。临行前，送给饶平农军 12 支步枪、1 匹白马和 100 块光洋，作为留在此地的 20 名伤病员的医药费。中共饶平县委派出 10 多名农军为前导，引路向平和县进发。中共饶平县委书记杜式哲等和革命群众送至茂芝北面的麒麟岭。朱德在分别时再三勉励中共饶平县委要艰苦奋斗，不怕困难，革命到底。麒麟岭作别之后，起义军经闽粤交界的柏嵩关，于 8 日清晨进入福建平和县城九峰。此后，这支南昌起义部队在朱德的领导下千里转战，胜利会师井冈山。

麒麟岭有古驿道，为乱石砌筑而成的台阶式古道，全长约 2.5 公里，路宽 1.5 米，共 3 000 余级台阶。古驿道连接闽粤交界隘口柏嵩关，是往返福建省平和县和广东省饶平县的主要交通要道。2016 年，政府投资修复麒麟岭古道，建设驿站式游客服务中心，并在麒麟岭古道起始点弯龙桥一旁设有送别朱德南昌起义军的标识。

麒麟岭目前无保护利用级别。

麒麟岭

许氏宗祠

—— 中共饶平县委机关驻地旧址

　　许氏宗祠——中共饶平县委机关驻地旧址，位于潮州市饶平县上饶镇双善村对坑自然村西面，省道茶上线旁，周围均为民房接大山坡。

　　1928年8月，"温子良惨案"发生，中共饶平县委机关遭敌人严重破坏，县委书记林逸响等被杀害。此后，饶平革命进入低潮时期。1929年1月，东江特委派刘锡三任中共饶平县委书记，来饶平恢复县委机构，由刘

锡三、詹瑞兰、刘瑞光任常委，委员有刘金丹、连半天、邓逊群，县委机关移回双善对坑村并积极开展工作，发展赤卫队和革命骨干，红色政权有很大的发展。1929 年农历五月，为了加强党员思想教育和提高军事技能，县委在对坑村举办党团员骨干训练班，由刘锡三主持，东江特委副书记杜式哲到会指导，全县各地骨干 20 多人参加，学习时间 20 天。是年 10 月，在该村成立上饶区分田委员会，同时成立饶平县双善乡苏维埃政府，这是饶平县第一个乡苏维埃政府，并开始在双善开展"建苏分田"试点。饶平县革命运动的再度兴起，大大动摇了国民党在饶平的反动统治。在 1929 年 4 月县长毛琦离任至 1930 年 2 月的 10 个月时间，饶平先后调换了 3 任县长。有的上任仅二三日，听到饶平工农革命的声势，便弃职逃命。这是历史罕见的奇闻。

许氏宗祠始建于 1450 年，坐西北向东南，为饶平北部客家祠堂建筑，建筑面积约 300 平方米。

许氏宗祠目前无保护利用级别。

许氏宗祠

西泉公书院

—— 中共饶和埔浮山区委及交通站旧址

西泉公书院——中共饶和埔浮山区委及交通站旧址，位于潮州市饶平县东山镇湖岭村。

1926 年，湖岭农民协会正式成立，拥有会员 200 多人，会长涂文乙，会址设于西泉公书院。同时建立农民自卫军，涂上官任队长。1929 年，中共浮山区委在樟厝坷成立，后因遭敌军破坏，区委转移到湖岭村西泉公书院，并在这里召开区第二次农民大会，部署开展抗租抗息、建苏分田分地活动。8 月，区委先后吸收涂文乙、涂上官、涂立机、涂名秋、涂木元等为党员，建立中共湖岭支部，书记涂文乙。10 月，国民党纠集民团"进剿"湖岭，抓走涂木元等 4 名赤卫队队员，涂木元在狱中被严刑拷打致死。1930 年，中共饶和埔县委成立饶和埔第二区，区委书记克昂，机关设于湖岭村西泉公书院，并建立革命第二交通站，由涂以德任交通员。

西泉公书院建于明万历二十六年（1598），新中国成立后曾作为湖岭村委的办公地址。西泉公书院坐西向东，为砖木结构，建筑面积约 650 平方米。2017 年 9 月，湖岭村纳入省"红色村"党建示范工程，对书院进行修缮后布置展览。

西泉公书院于 2019 年 10 月被中共饶平县委组织部公布为饶平县党员教育培训示范基地；2022 年被中共潮州市委党史研究室公布为潮州市中共党史教育基地。

西泉公书院

岩下番客曹大屋

—— 粤闽赣红色交通站遗址

岩下番客曹大屋——粤闽赣红色交通站遗址，位于潮州市饶平县上饶镇下善村岩下自然村，系邓姓民居，坐落在该村北面，省道茶上线旁，周围均为民房接大山坡。

1929 年冬，中共饶平县委在双善开展"建苏分田"试点，接着在上饶地区全面推开，声势浩大，遭到国民党军反复"围剿"。1930 年 7 月，驻潮国民党第六十二师师长香翰屏派黄炳麟、雷英两个营，进"剿"上饶。上饶苏区的石井、茂芝等乡相继陷落，中共饶平县委机关转移到双善的对坑村，在极端困难的情况下开展工作。8 月，中共饶平县委机关南移黄冈。在县委副书记詹瑞兰、委员刘瑞光、刘金丹的领导下，双善人民一面进行反"围剿"斗争，一面进行苏区建设。为便于与县委机关联系，建成红色交通线，交通总站设在下善村岩下自然村番客曹大屋，由卢月楼任站长，交通员先后有詹长、许坎、邓道臣、邓渴、刘钻等 30 多人。情报信息由交通总站发出，经对坑、青山、太平圩转至渔村，再由渔村经赤寮至黄冈。交通站坚持时间长达五年之久。在这一时期，在岩下自然村还先后建立了军械所和弹药所，土制炸药和土枪炮、子弹，供给部队。

岩下番客曹大屋始建于1930年，坐北向南，为土木结构民居，建筑面积为600平方米。因年久失修倒塌，已重新改建成现代楼房。

岩下番客曹大屋目前无保护利用级别。

岩下番客曹大屋

黄冈刺围

—— 中共饶平县委机关所在地旧址

　　黄冈刺围——中共饶平县委机关所在地旧址，位于潮州市饶平县黄冈镇红光社区猪仔场街刺围 7 号。

　　1930 年 8 月下旬，中共饶平县委执行上级关于革命重点从农村转向城市的指示，从饶平北部山区上饶镇的双善村迁到南部沿海的黄冈北郊刺围。刺围是个僻静角落，被密密匝匝芒刺包围，仅东西两个出入口，县委书记连铁汉夫妇率领邱月波、郑桂成等十多人驻于此。

　　是时，因国民党加紧镇压革命，黄冈处在严重白色恐怖之中，中共黄冈区委以及锡箔、理发、轮渡等行业工会，转入更加隐蔽的地下活动，黄冈东侧的霞绕、碧岗、岭后一带的农民协会，也被迫停止活动。中共饶平县委进驻黄冈后，看到城镇工作无法开展，决定把革命基点设在龙眼城村，派李班、连石伟率 20 多名武装人员，协助中共黄冈区委革命骨干深入该村发动群众，开展教育与串连，组织武装小分队突袭国民党诏安县汾水关税务站，并在龙眼城村建立秘密联络点。11 月，中共饶平县委鉴于黄冈城镇工作很难开展，饶平南部地区农民运动也一时难以恢复，决定由县委书记连铁汉带部分武装骨干撤回双善苏区，留下李班等负责龙眼城村联络站和接待革命人员的工作。中共饶平县委驻黄冈期间，机关同志主要隐蔽活动于刺围的义庵善堂、坎顶小楼和一位热心革命的同志家中，开会一般选择在夜间进行。在这一批革命同志的影响下，当地群众余作新、余家惜、余声海、余向华等也先后加入他们的队伍支持革命活动，同时也确保中共饶平县委机关在刺围期间的安全。

黄冈刺围建于 1924 年，坐西向东，为砖木建构，建筑面积约 660 平方米，主体建筑及内部设施的保存状况均较为良好，墙体无明显损坏的地方。

黄冈刺围目前无保护利用级别。

黄冈刺围

墩头顶大厝

—— 中共饶和埔县委交通站旧址

墩头顶大厝——中共饶和埔县委交通站旧址，位于潮州市饶平县黄冈镇龙眼城社区后糖房 3 号。

1930 年 8 月，中共饶平县委南移黄冈后，把革命基点设在龙眼城村，李班、连石伟率 20 多名武装人员，协助革命骨干深入该村发动群众，开展教育串连。不久，龙眼城村重新成立农会和建立赤卫队。10 月，中共饶平县委决定在龙眼城村建立联络点，李班为站长，担负传递上饶、浮山等地情报和接送东江特委的文件报告。11 月，中共饶和埔县委（1931 年 4 月改为中共饶和埔诏县委）成立，统一领导饶平、平和、大埔、诏安的革命工作。同时，成立苏维埃政权。中共饶和埔县委把原饶平、大埔、平和三县所辖地区划分为 10 个区，黄冈为第一区，区委设在龙眼城村。1931 年 7 月，龙眼城村在墩头顶大厝成立苏维埃政府，主席郑营。随后，中共饶和埔县委交通站也设在这里，李班任站长，负责与中共潮澄饶县委有关的文件、情报及物资等的转递。1932 年 2 月，国民党军队包围龙眼城村，拘捕赤卫队队员和革命群众，饶和埔第一区区委迁往毗邻的福建省诏安县深湖，李班等继续在龙眼城村周围坚持斗争。直到 7 月，黄冈区侦缉队多次至龙眼城村搜捕革命人员，李班等被迫转移福建，龙眼城村停止革命活动。

墩头顶大厝建于 1925 年，坐北向南，为砖木结构老式民居，建筑占地面积为 70 平方米。旧址因年久失修，外部建筑及内部设施均较为破旧。墩头顶大厝目前无保护利用级别。

墩头顶大厝

中共饶和埔诏第一区区委旧址

中共饶和埔诏第一区区委旧址，位于潮州市饶平县黄冈镇龙眼城社区龙新 8 横巷 14 号。

饶平县位于闽粤交界，与大埔县，福建省的平和县、诏安县山水相连。土地革命战争时期，为便利于革命的发展和革命战争的联系，中共闽西特委对饶平县委、平和县委、大埔县委进行改组整合。1930 年 11 月，中共饶和埔县委成立（1931 年 4 月改为中共饶和埔诏县委），统一领导饶平、平和、大埔、诏安的革命工作。同时，成立苏维埃政权。中共饶和埔县委把原饶平、大埔、平和三县所辖地区划分为 10 个区，黄冈为第一区，区委设在黄冈城郊的龙眼城村，书记邱月波，辖黄冈理发店和龙眼城村 2 个党支部。第一区范围包括饶平的黄冈、钱东等区和福建省诏安县的思政区。在饶平县域内活动范围有黄冈区的刺围、龙眼城、里和睦、霞绕、上林、上寨、白村、碧岗、仙春、汛洲和钱东区的港墘、李厝、上浮山、下浮山、施厝、紫云等乡村。在区委的领导下，黄冈、龙眼城、李厝、田墘、丁洋埔等地设革命联络点，传递情报信息，组织武装人员深夜进入黄冈城内散发传单和张贴革命标语，进行破坏敌人通信设施等秘密活动。后来，因革命的需要，第一区区委转移到福建省诏安县的深湖，继续进行革命斗争。

中共饶和埔诏第一区区委旧址系独立民居，建于 1921 年，坐西向东，为砖木结构，建筑面积占地 40 平方米。因年久失修，现外部建筑及内部设施均较为破旧。

中共饶和埔诏第一区区委旧址于 2013 年 9 月被饶平县人民政府公布为县级文物保护单位。

中共饶和埔诏第一区区委旧址

"里坑事件"发生地旧址

"里坑事件"发生地旧址，位于潮州市饶平县上饶镇麒麟岭一侧，四面环山，林木茂密，接大山坡。

1932年10月，中共饶和埔县委委员陈明昌带领工作组在岩下、里坑一带进行游击活动。国民党派驻饶平的第七师二十团加紧"围剿"。11月1日，国民党一连军队纠合地主民团共200多人进剿双善，一连十天，逐山追缴，挨户搜捕。陈明昌工作组12人，采取既集中又分散的游击战术，敌军入山时便分散隐藏于深山茅草中，敌军出山后又集中活动，同国民党军队周旋。10日，陈明昌眼见形势日益紧张，准备率队转移，遂集中在里坑村开会讨论研究转移方向。会议尚未结束，国民党军队突然追剿到里坑村。里坑村仅有4户人家，位于深山凹谷之中，周围是悬崖峭壁，仅谷口一路出入。国民党军队堵住谷口，封锁工作组退路。陈明昌率战士们退入坑谷，利用石头荆棘作掩护边打边退，刘介子、陈卵等5位战士不幸中弹牺牲。接着国民党军队疯狂地纵火烧山。陈明昌立即指挥战友脱下身上棉衣在坑水中浸湿，披在身上避免烧伤，趁机利用冲天烟幕，攀登悬崖突围。詹子金、卢楼在战友们的掩护下，攀藤爬崖侥幸脱险。陈明昌、林杏塘、卢抱、刘政、曾双（女）5人，因受枪伤、火伤不幸被捕，押禁饶城监狱。年仅27岁的女共产党员曾双经受严刑拷打，始终坚贞不屈。国民党军一个营长，诱骗曾双嫁他为妻，遭曾双痛骂，敌军营长恼羞成怒，竟残酷地下令割掉她的双乳。但曾双视死如归，最后与陈明昌等一起遭国民党杀害。里坑一役，共牺牲革命战士10人，史称"里坑事件"。

"里坑事件"发生地旧址系刘姓村民私房，在事件发生时建筑物被烧毁。20世纪70年代村民在原址重建家园，现为坐西北向东南，泥瓦房结构，建筑占地面积300平方米，但因年久失修，已残破不堪。

"里坑事件"发生地旧址现暂无保护利用级别。

"里坑事件"发生地旧址

闽南抗日游击队第五支队
桃源洞事件遗址

闽南抗日游击队第五支队桃源洞事件遗址，位于潮州市饶平县汤溪镇桃源村后山东南 200 米。

1936 年 10 月初，红军闽南抗日游击队第五支队支队长李金盛率部从福建诏安边境打回浮凤，从诏安白叶出发，途经水美、居豪、汤溪桥抵达牛皮洞分两处扎营。途经大陂坑时，没收该村地主黄鳝的财物。黄鳝逃逸，但未引起李金盛的警觉。红军抵达牛皮洞扎营后，领导人思想麻痹，竟让战士自由结伴到山溪沐浴洗衣，只派一名战士到对面山头放哨。黄鳝潜逃后，将红军的信息传到浮山圩国民党驻军。国民党饶平县府于 2 日下午急令浮山、凤凰、坪溪、饶城驻军及附近后备队，分四路包围牛皮洞。当各路敌军完成合围，在对面山的红军哨兵仍未发觉。直至浮山、坪溪两路敌军登上东西两座山头，控制红军驻地出口时，红军哨兵才慌忙鸣枪报警。红军来不及转移，只好绕到村后向北面山岭攀登突围。在敌军两路火力交叉射击下，有 28 名红军中弹牺牲。队伍突围转到跌石坷时，遭饶城、浮山两路敌军夹击，又有 24 名红军在战斗中牺牲。当晚，红军沿山沟退入苦竹坑密林隐蔽，隔天清早在往山照湖转移时，再次被坪溪敌军发现尾追。幸好碰上高山浓雾，红军得以甩掉敌人逃入深山。浮凤区委获悉后，急派员与支队接上关系。支队决定把几名伤员留在当地隐蔽治疗，由区委交通员林炳春和李金尼小分队作前导，迂回绕过敌军封锁线返回闽南。这次战斗，红军损失约三分之一。事后，当地民众募捐集资收埋烈士，共拾到尸骸54具，其中红军52名，当地群众2名。闽粤边区特委决定取消第五支队建制，并入闽南抗日第一支队，原第五支队长李金盛和政治部主任刘炳勋受到撤职处分。

闽南抗日游击队第五支队桃源洞事件遗址目前是果园、部分空地和上山人行道。

闽南抗日游击队第五支队桃源洞事件遗址目前无保护利用级别。

闽南抗日游击队第五支队桃源洞事件遗址

全面抗日战争时期

(1937—1945)

葡萄园

—— 中共潮汕中心县委旧址

葡萄园——中共潮汕中心县委旧址，位于潮州市潮安区文祠镇中社村长背山村东北面的曾昭永家宅。

1938年2月20日，中共闽粤赣边省委在龙岩县召开第一次执委扩大会议，会议决定撤销韩江工委及其潮汕分委，分别成立中共潮汕中心县委和梅县中心县委。潮汕中心县委于同年3月上旬成立，机关设在汕头市民权路志成后街。5月，中心县委迁至汕头市镇华里。1939年四五月，日军入侵在即，形势危急，中共潮汕中心县委机关迁至潮安县七区东里乡大夫第。6月下旬，汕头、庵埠相继失陷后，县委迁至三区长背山村葡萄园曾昭永家（当时房屋刚建成）。此时，潮安县委书记谢南石带领在潮州的党员和青抗会员也撤入长背山村。潮汕中心县委根据上级指示对领导人进行重新调整，同时撤销潮安县委，新组建潮（安）揭（阳）丰（顺）边县委。

新民主主义革命时期，长背山村曾涌现出曾昭永、曾传经、曾传钦等地下共产党员，他们为革命事业奔走，默默奉献自己的光和热。

该旧址由 7 间并列的灰瓦平房及围墙组成，坐东朝西，正面有两个小门楼，匾额均刻着"葡萄园"三个字。曾昭永家为靠北的三间平房，总面积 60 多平方米，1991 年曾重修墙体，现由曾昭永的后代居住。

葡萄园

铺埔儒林第

—— 中共潮澄饶中心县委机关旧址

　　铺埔儒林第——中共潮澄饶中心县委机关旧址，位于潮州市湘桥区铁铺镇铺埔村。

　　1939年10月，由于日军入侵，潮汕地区被分割为两片，中共闽西南潮梅特委按照原定部署，在潮汕地区成立潮普惠揭、潮澄饶两个中心县委。潮汕中心县委改为潮澄饶中心县委，其原辖的潮揭丰边县委由特委直接领导。机关驻地由潮安文祠长背山村的葡萄园迁至潮安四区（今湘桥区官塘镇、铁铺镇）铺埔村陈作征家（陈作征时任潮安四区区委宣传委员）。

　　陈作征，1938年加入中国共产党。1939年夏，日本侵略军攻占潮汕，陈作征以带同学到家乡避难作为掩护，悄然让中心县委机关（1939年10月起改称为中共潮澄饶中心县委）从文祠长背山村转移到儒林第，这标志着铁铺镇成为潮汕抗日战争的中心地区。中心县委书记由李平担任。1939年12月，潮澄饶中心县委在儒林第召开扩大会议。儒林第同时担负着与上级党组织联络、接待以及安排护送中共领导干部的重任。

　　该旧址建于清末民初，占地面积1101平方米，建筑面积499平方米，是一座坐北朝南具有潮汕"四点金"建筑风格的小院，两侧各一排从厝。由大门楼、正厅堂、天井、下厅堂、南北厅、大房、二房、下房、屋顶（屋顶雕饰嵌瓷）、壁画、广埕、后包巷照壁、围墙等建筑物构成。主体尚好，现无人居住。

铺埔儒林第于2020年4月被潮州市人民政府公布为潮州市文物保护单位。

铺埔儒林第

大夫第

—— 中共潮汕中心县委机关旧址

　　大夫第——中共潮汕中心县委机关旧址，位于潮州市潮安区彩塘镇东里村。

　　1938年2月20日，中共闽粤赣边省委在福建龙岩县召开第一次执委扩大会议，会议决定撤销韩江工委及其潮汕分委，分别成立中共潮汕中心县委和梅县中心县委。潮汕中心县委于同年3月上旬成立，书记李平（1938年6—8月为李碧山），机关设在汕头市民权路志成后街。5月，中心县委迁至汕头市镇华里。1939年四五月，日军入侵在即，形势危急，中共潮汕中心县委机关迁至潮安县七区（今彩塘、金石一带）东里乡大夫第。大夫第为王玉珠（又名王辉，曾任潮汕中心县委妇女部长）家宅。中共潮汕中心县委在此举办了各级党组织的干部和党员参加的短期训练班，编印了《支部工作与支部生活》等小册子。

　　6月下旬，汕头、庵埠相继失陷后，中共潮汕中心县委迁至三区（今文祠镇一带）长背山村葡萄园曾昭永家。

　　该旧址始建年份不详，占地面积850平方米，是一座古建筑，两边各有一排从厝，为典型的潮汕地区"四点金"建筑风格，建筑工艺精湛，目前保存完好。

大夫第

潮澄饶"革命一老家"旧址

潮澄饶"革命一老家"为潮州市潮安区江东镇佘厝洲村，革命主要活动地点位于李习楷家。

佘厝洲村是潮安、饶平、澄海三县边界的中心，此处蔗林果园密布，四周环水，出入全靠舟楫，交通不便，在战争年代，有利于机动灵活地开展小型武装活动。该村在潮澄饶革命斗争史上有着举足轻重的地位，被潮澄饶党组织誉为"革命一老家"。

1938年4月，中共地下组织委派李习楷回本村开展抗日救亡运动，11月建立中共佘厝洲党支部。1939年10月，中共潮澄饶中心县委敌后区工作部部长周礼平来到佘厝洲村建立抗日游击战争据点。1940年4月，潮澄饶游击小组（1945年改为潮汕人民抗日游击队潮澄饶敌后突击队）在这里宣布成立。周礼平在这里领导这支抗日武装队伍，开展打击日伪的斗争。李习楷家成为中共潮澄饶汕敌后县委机关和潮饶边县特派员驻地。这期间，潮澄饶汕党组织在这里先后筹划和完成了营救方方（时任中共南方工作委员会书记）和刺杀叛徒姚铎（原中共南方工作委员会秘书长）等几项艰巨任务。1944 年 10 月，重新成立潮澄饶县委，书记周礼平（后为吴健民），机关初设于饶平隆都樟籍（今属澄海），后移至佘厝洲村李习楷家。潮澄饶党组织还以佘厝洲村为中枢，建立了两条通往闽粤边和潮梅上级党组织的地下交通线，为抗战输送许多革命志士及转移了大批军需物资。

1945 年 12 月，潮澄饶县委在佘厝洲村召开会议，传达"双十协定"，调整潮澄饶地区党组织，部署党组织彻底转入地下的工作。此后，佘厝洲村成为潮澄饶游击队隐蔽和接送兵员支援凤凰山根据地的重要交通枢纽，也是潮澄饶平原县委和平原武工队的活动点和地下交通网点。

佘厝洲村党支部和该村人民群众，在全民族抗日战争和解放战争时期，克服各种艰难险阻，出色完成了上级交代的各项工作和任务，确保了党的领导机关和游击队的安全。该村历经敌人的多次"围剿"，仍巍然屹立，斗争不息，其间该村有李炳顺等 7 位战士为解放事业英勇献身。

李习楷家始建年份不详，占地面积 300 平方米，是一座一厅一庭的二进式房屋，坐南朝北的"四点金"式小院，两边各有一排从厝，因年久失修，加上自然风化，目前较为破旧。

2012 年 5 月，佘厝洲村被中共潮州市委宣传部公布为潮州市爱国主义教育基地。

李习楷家

紫凝轩

—— 潮汕青年抗日游击队、广东人民抗日游击队 "韩纵一支队" 活动旧址

紫凝轩——潮汕青年抗日游击队、广东人民抗日游击队 "韩纵一支队" 活动旧址，位于潮州市枫溪区路东办事处英塘村书斋后片（田心路），原是抗日游击队队员王炳荣及其族人的居所。

1939 年 8 月起，因英塘村是潮汕铁路线上平原连接山区之处，紫凝轩书斋所处地形可退可守，潮汕地下党组织利用此有利地形创建党领导的抗日武装平原地下活动据点、秘密联络处。

1939 年 10 月 7 日，紫凝轩书斋内的王炳荣与潮汕青年抗日游击队队员黄玉屏、许英、李朝道等同志在此周密计划，到云步村活抓日军伍长加藤始助，懂武术的王炳荣在这次行动中立下第一功。这是粤东地区首次活捉日本侵略者，大大鼓舞了广东人民抗日救国的志气。

1943 年 9 月起，中共潮澄饶县委建立抗日武装基干小组，派出基干组长李亮以此为据点，与王炳荣合股开米铺作掩护，开展革命活动。抗日武装基干小组铁路线负责人吴健民、李习楷、李亮、许杰、陈汉等同志多次到此开展革命活动。1945 年 8 月，潮澄饶抗日游击大队队员到此集合，由

潮澄饶县委书记周礼平带领北上潮安登塘居西溜山地，成立广东人民抗日游击队韩江纵队第一支队，周礼平任支队政委、李亮任支队长，与国民党顽固派发生激战失利，又转移至英塘村休整，驻扎在紫凝轩书斋等处。吴健民同志接任"韩纵一支队"政委，到此把队伍带回中共潮澄饶县委所在地江东余厝洲村，后移师凤凰山开辟革命根据地。

1946年6月26日，解放战争时期党领导的地下武装人员陈鹏志、林绍明、周锡桐、许粦炯在紫凝轩大厅内活动，国民党反动派包围此据点抓捕了林绍明、周锡桐，陈鹏志挣扎得以逃脱。敌人把王炳荣妻子陈婵清绑在楼楹吊打，她昏迷后又将她拉到池边浸水。她在敌人的严刑拷打下坚贞不屈，保住了藏在家中的许粦炯同志。被捕的林、周二人后在潮州被国民党反动派杀害。

紫凝轩书斋历经抗日战争、解放战争，一直作为潮汕党组织地下革命活动点直至潮州解放。

紫凝轩建于明末清初，外观为长方体，单层结构，长约40米，宽约30米，占地约1 150平方米。中间为庭院，四周为房屋，房屋高约3.5米，砖瓦结构。

原建筑年久失修，房屋残破。2015年，墙体经过修缮，用白色墙灰粉刷，辟建为枫溪革命史展览馆。于墙上悬挂大量革命宣传展板，屋内放有四个陈列柜，主要存放一些重要历史文件、照片，展品数量约1 200件，反映了当时潮州枫溪人民英勇无畏的革命精神。

紫凝轩——潮汕青年抗日游击队、广东人民抗日游击队"韩纵一支队"活动旧址于2016年7月1日被中共枫溪区委组织部公布为枫溪区党员教育基地；2016年7月1日被中共潮州市委党史研究室公布为潮州市中共党史教育基地；2017年8月被潮州市人民政府公布为潮州市第一批历史建筑；2017年12月被潮州市博物馆之城创建工作领导小组公布为潮州市博物馆之城系列馆。

紫凝轩

104

长彬小学（延德堂）

—— 中共潮澄饶县委隐蔽斗争据点旧址

长彬小学（延德堂）——中共潮澄饶县委隐蔽斗争据点旧址，位于潮州市饶平县新圩镇长彬村。

长彬小学是抗日战争时期开辟的隐蔽斗争地点。1939—1943 年抗战时期，国民党顽固派制造反共摩擦，全国革命处于低潮，中共潮澄饶县委领导下的中共地下党转入隐蔽斗争。张文声通过陈树章，将陈剑青、苏文江、李长彬、张桐萱（化名张天佑）、赵崇护、林泽娟、杨玉坤、陈廷光等地下党员先后安排到长彬小学教书。陈剑青等人到校后，坚持开展"三勤"活动（勤业、勤教、勤交友），还利用星期天带学生到山上野营、野炊，暗中观察地形、地貌，为后来的武装斗争做准备。同时利用晚上时间在严厝寨陈尔进、陈南为家秘密召开会议，培训骨干，成立农会，布置工作，传递情报等，同时募捐粮食及其他物资支援游击区。他们还分别到南四乡所属的 50 多个村落中挨家串户，暗中做贫苦农民的工作，动员他们参军入伍，从 1942 年到 1949 年春，南四乡共有 70 多名农民和青年学生先后上山打游击，走上革命的道路，为后来抗战的胜利输送一批革命力量。陈剑青、张桐萱、张文声等领导除发动群众外，对统战工作也很重视，暗中游说国民党一些有影响力的人物。长彬村村民陈树章是历任国民党饶平县参议员，陈剑青等人经常与他做思想工作，暗中动员他来长彬当南四乡长。经多次接触游说，陈树章接受他们的意见，并通过国民党的正式任命，于1949年10月到长彬出任南四乡长，从而保护了一批党的骨干。长彬小学秘密斗争隐蔽点为党培养和保护了大批革命骨干，在开展教学、统战、筹款筹粮、动员群众参军入伍等方面做出显著成绩，为后来饶平全境的解放作出了贡献。

长彬小学（延德堂）是长彬村陈氏大宗祠，建于清朝乾隆二十四年（1759），坐北向南，建筑面积1 480平方米，占地2.38亩。校内建造时的木雕、浮雕曾被破坏，现已重新修缮。2019年，在红色村党建示范工程建设中，延德堂修缮辟建为新圩人民革命斗争史料展览馆，成为广大党员群众重温革命历史，接受革命传统教育和爱国主义教育的重要场所之一。

长彬小学（延德堂）于2019年10月被中共饶平县委组织部公布为饶平县党员教育培训示范基地；2022年被中共潮州市委党史研究室公布为潮州市中共党史教育基地。

长彬小学 （延德堂）

樟溪小学（上青公祠）

—— 中共潮澄饶县委隐蔽斗争据点旧址

樟溪小学（上青公祠）——中共潮澄饶县委隐蔽斗争据点旧址，位于潮州市饶平县樟溪镇烈火村培英路北，文体广场东北面。

1942 年"南委事件"发生后，中共潮澄饶组织面对严峻的斗争形势，一方面在沦陷区里开展敌后武装斗争；另一方面在国民党统治区域内贯彻"隐蔽精干，长期埋伏，积蓄力量，以待时机"的方针，转入隐蔽斗争。由于饶平地处闽粤边界，又是沦陷区和国民党统治区域的交界地，中共潮澄饶组织根据斗争的需要，在饶平县境内建立隐蔽斗争基地，樟溪小学便是其中一个重要的隐蔽斗争基地。1942 年春，原普宁湖山小学共产党员苏文江夫妇，应樟溪小学（设于烈火村张氏祖祠，又称"上青公祠"）董事长张国栋的邀请到该校任校长。苏文江在中共潮饶边县副特派员李凯的指导下，利用他和张国栋是老同学的亲密关系，通过思想交谈，从侧面介绍共产党的救国主张，把张国栋争取过来。后来又进一步说服张国栋出任饶平县参议员，从中掌握国民党的动向。继而鼓励张国栋的堂叔张广实出任樟溪乡长，安排潮安亭头一名共产党员给张广实做儿子，并介绍一名女共产党员与张广实的堂弟结婚，从而在樟溪建立了一个基础稳固的转动点，成为当时国民党统治区和沦陷区的交通纽带。革命母亲李梨英曾以"亲戚"关系到樟溪，受到张广实的热情接待。中共潮饶边县特派员吴健民也曾在张广实的糖房召开重要秘密会议。蔡初旭、纪式哲等20多名党员和同情分子都先后隐蔽在这里或从这里转移到其他隐蔽基地。

樟溪小学（上青公祠）始建时间不详，坐东向西，为砖木结构，建筑占地面积350平方米，2007年后座屋顶被大火烧去，村筹集资金进行修复，将屋顶盖上板铁。由于多年失修，部分墙体脱落破旧不堪。目前，上青公祠正在全面修建中。

樟溪小学（上青公祠）目前暂无保护利用级别。

樟溪小学 （上青公祠）

解放战争时期

（1945—1949）

中共潮安县工委机关旧址

中共潮安县工委机关旧址，位于潮州市湘桥区太平街道打银街待诰巷四横巷 2 号小楼上。

1945 年 12 月，中共潮汕特委委员、潮澄饶县委书记吴健民，在澄海莲阳永平村主持召开了潮澄饶县委扩大会议，传达国共两党签署的"双十协定"和贯彻落实潮汕特委会议精神。会议根据特委指示，对潮澄饶地方党组织作了调整：撤销潮澄饶县委、潮饶丰工委和铁路线工委；成立中共潮安县工作委员会和中共澄（海）饶（平）县工作委员会，以负责领导潮安和澄饶工作。1946 年 1 月，中共潮安县工作委员会（简称县工委）成立，工委书记陈汉，组织部长陈义之，宣传部长庄明瑞，机关设在潮州城内打银街待诰巷四横巷 2 号小楼上。县工委成立后，迅速贯彻落实隐蔽斗争的各项措施，加强党对地下活动的领导，实行分片负责。陈汉和张开明，以亲戚名义隐蔽于意溪陈丽琴家，负责领导意溪、东津、文祠一带的工作；陈义之、黄郭宜、曾传经到彩塘以开办柴炭店为掩护，负责领导浮洋、鹳巢、彩塘、庵埠一带的工作；庄明瑞和高修一，则以做生意为名，住在工委机关，负责城关镇、东凤、江东一带的工作。县工委坚持以革命的两手对付反革命的两手，同国民党进行合法和非法的斗争，把握时机积极地开展工作。

该旧址建于清末民初，土木结构，占地面积约 103 平方米。因年久失修，现已荒废，无人居住。

该旧址现未被保护利用。

中共潮安县工委机关旧址

林畔书斋

—— 潮安地下革命交通线交通站旧址

　　林畔书斋——潮安地下革命交通线交通站旧址，位于潮州市湘桥区磷溪镇内坑村柑园小区六横 1 号，为李秀奈家。

　　1948 年初，内坑村共产党员陈作朝上凤凰山参加游击队，在凤凰山革命根据地先后任过武工队队员、连队政治服务员、连队政治指导员、武工队队长、区委书记兼区长。同年，陈作朝之母江美香在地下党组织余锡渠的介绍下，也加入凤凰山游击队，从事炊事和通信联络工作。年底，陈作朝回村串联村民陈惠良、陈英谋、蔡大钦等人入伍。当时，任中共秋隆区委书记兼武工队队长的李开胜、副队长余堂，队员朱烈、陈梅、麦希、林先棠（化名林新）等人也先后进驻内坑村，以陈坤海（陈作朝之兄）、李秀奈（李开胜胞妹）的家作为革命落脚点，开展游击斗争。在武工队的领导下，村建立地下民兵组织，成员有陈英光、陈坤海、陈坤德、陈作量、陈英贞、陈作武。同年 6 月，在负责妇女工作的游击队队员林新的动员下，村民李秀奈、陈阿粉、陈阿芝、陈五等人组成地下民兵姐妹会，姐妹会就设在李秀奈家。地下民兵姐妹会成员经常为武工队站岗放哨、通风报信、安排食宿、保护地下工作者的安全，协助武工队抗"三征"，创建革命两面政权（白皮红心），建立革命根据地。同时，民兵组织和姐妹会也为武工队筹资借粮，挖黑枪，为武工队提供不法地主豪绅共 24 户作为斗争对象；还捐粮 300 多担，长短枪 4 支，支援人民解放军闽粤赣边纵队。

该旧址建于清代，较为破旧，现已闲置，无人居住。

林畔书斋

人民解放军韩江支队第十一团司令部旧址

人民解放军韩江支队第十一团司令部旧址，位于潮州市潮安区归湖镇高升村石靠脚自然村 10 号。

高升村是革命老苏区，早在土地革命战争时期，石壁头、大溪墘、鹿湖等村就成立了农会，建立了苏维埃政权，是浮凤苏区根据地的组成部分。革命烈士文衍昌是鹿湖村的农会主席。

解放战争时期，凤南五股地区是继东𰀲、官头崟之后建立的凤凰山第三个游击基地。

为加强潮澄饶丰武装斗争的领导力量，1948 年 3 月下旬，原疏散到泰国的张震在香港分局参加学习班后，被派回潮澄饶丰；潮汕地委又从大南山、大北山调来领导干部。4 月 9 日原普宁县委书记、潮汕人民抗征队第三大队队长李习楷调抵凤凰山。稍后，原潮汕人民抗征队第一大队队长林震（即许杰）也调回凤凰山。张震、李习楷、许杰等均参加武工委的领导工作。

1948 年 6 月，"人民解放军韩江支队第十一团"在李工坑成立，团长许杰、政委张震（兼）。6 月 26 日，国民党闽粤边区剿匪总部总指挥喻英奇纠集潮安蓝道立部、饶平吴大柴部和丰顺林海琴部共 500 余人"围剿"官头峯。原以凤北官头峯村及周边为驻地的司令部、军需处、油印组、修械所、卫生所、缝衣组等部门在敌人"围剿"前后，先后撤往五股一带。石靠脚、双垭、桔树坑、鹿湖等村真正成为潮澄饶丰革命的指挥中心，被称为潮澄饶丰革命的"小延安"。

第十团司令部驻扎于石靠脚村，潮澄饶丰党和军队的领导人：吴健民（化名镜）、庄明瑞（习伯）、李习楷、余锡渠（大鼻李）、许杰（种）、张震都曾在此领导布置部署工作。吴健民、李习楷于 1948 年 9 月 22 日在石靠脚召开潮澄饶丰地区党的干部扩大会议，传达边区党代会精神和韩东地委（1949 年 1 月改名韩江地委）会议决定，传达了闽粤赣边区党委关于扩军成立第四支队的决定，总结了 9 年（1939 年 7 月至 1948 年 9 月）平原游击战争的经验教训，分析当时潮澄饶平原游击战争的条件，提出潮澄饶丰武装斗争的方针和任务。

该旧址为两层木楼，建筑占地面积 180 平方米。原貌保存完好，是难得的、不曾改建过的建筑。

石靠脚村 10 号

太和斋

—— 中共韩东（江）地委、中共潮汕地委 潮澄饶丰澳分委机关旧址

太和斋——中共韩东（江）地委、中共潮汕地委潮澄饶丰澳分委机关旧址，位于潮州市潮安区凤凰镇下埔周格村。

1948年8月7日至24日，闽粤赣边区党的代表会议在大埔县光德乡樟溪村召开。会议根据中共中央香港分局的决定，组成新的中共韩东地委。黄维礼任韩东地委书记，吴健民任副书记兼组织部长，李习楷任宣传部长，罗克群任妇女部长。撤销中共潮澄饶丰武工委。1949年1月，韩东地委改称为韩江地委。同月，凤凰圩解放后，地委机关移驻凤凰下埔周格村一座民房太和斋。1949年4月后，该村成为凤凰解放区的政治指挥中心。1949年6月，根据闽粤赣边区党委决定，撤销韩江地委，其所辖潮安、澄海、饶平、丰顺等县的部分党组织划归潮汕地委领导。同时，成立潮汕地委潮澄饶丰澳分委，书记李习楷，副书记许士杰。分委驻地仍设于太和斋，一直至10月，潮汕地区全面解放。

该旧址是一座面宽7间的宜家小院落，面积约200平方米，现为原主人文氏后代居住。

太和斋

四方楼

—— 中国人民解放军闽粤赣边纵队第四支队司令部旧址

四方楼——中国人民解放军闽粤赣边纵队第四支队司令部旧址，位于潮州市潮安区凤凰镇东兴村桂坂自然村，又名卧云草堂。

1949年1月底，中国人民解放军闽粤赣边纵队宣告成立，原韩江支队正式改编为"中国人民解放军闽粤赣边纵队第四支队"，司令员许杰，政委黄维礼，副政委吴健民，政治部主任李习楷，副主任庄明瑞。1月25日晚，第四支队和其他人民武装解放凤凰圩。第四支队司令部设在四方楼卧云草堂。5月18日，中国人民解放军闽粤赣边纵队第四支队在凤凰后河溪埔举行成立大会和阅兵仪式。参加大会的指战员有2 000多人，司令员许杰出席会议并讲话。指战员们纷纷表示，要为早日解放潮汕、解放全中国而英勇奋战。

7月1日，闽粤赣边纵队副司令员铁坚率边纵一团、七团和第三支队共2 000余人，从兴梅转入凤凰山解放区休整，铁坚等领导就住在四方楼内。中共闽粤赣边纵队第四支队司令部旧址四方楼于1985年收编于《潮州市文物志》，列为革命文物。2020年被潮州市人民政府公布为潮州市文物保护单位。

该旧址是由华侨于 20 世纪初期出资兴建的独户式花园洋房，建筑占地面积 400 平方米，取名卧云草堂，因形状四方俗称"四方楼"。目前保存完好，有人居住。

四方楼

梅兰轩书斋

—— 中共潮安县工作委员会驻地旧址

梅兰轩书斋——中共潮安县工作委员会驻地旧址，位于潮州市潮安区江东镇井美村南面村沿。

1949 年 4 月，中共韩江地委根据中共香港分局《关于迎接大军渡江和准备解放的指示》，为迅速发展平原游击区，做好准备迎接南下大军和建立地方政权，决定撤销潮澄饶平原县委，潮安和澄海分别成立县工委和澄海县委。同月，中共潮安县工作委员会（简称县工委）成立，书记邱河玉，组织部部长李诗铭，宣传部部长许拱明，妇女部部长陈通杏，城工委委员许拱明（兼）。县工委先后隶属中共韩江地委、中共潮汕地委潮澄饶丰澳分委领导。县工委以井美村梅兰轩书斋为机关驻地，开辟平原新区，借枪募粮，组织学生上山入伍，开展统战和策反，做好接管潮安解放的准备工作。县工委根据当时形势发展的需要，在梅兰轩书斋成立了上铁区委（书记许崇良）、下铁区委（书记郑俊豪）、上下铁武工队及江东武工小组，从而开创了潮安平原革命斗争的新局面，机关驻地一直坚持至同年 10 月潮安全境解放。

该旧址始建年份不详，占地 110 平方米，是一所老式的二层楼房，目前原址尚存，只是年久失修，墙体及屋顶破损严重。

梅兰轩书斋

曾静和曾宪华的祖宅

—— 中共潮澄饶丰边县委成立遗址

曾静和曾宪华的祖宅——中共潮澄饶丰边县委成立遗址，位于潮州市潮安区万峰林场曾厝村曾厝自然村。

1948年6月，根据张震在中共潮澄饶丰干部会议上传达香港分局的指示，中共潮澄饶丰边县委在曾厝村正式成立，书记张震，副书记兼组织部长庄明瑞，宣传部长陈义之，妇女委员蔡初旭。县委机关设于曾静、曾宪华的家中。6月24日，潮澄饶丰边县委在曾厝村召开县委会议，会议分析了全国胜利形势和潮澄饶丰斗争情况，回顾总结了潮澄饶丰一年来武装斗争的经验和教训，讨论研究今后斗争的中心任务。8月，中共潮澄饶丰边县委改为中共潮饶丰县委，领导包括丰顺的东嵺、饶平的浮凤与潮安韩江以东的大片山区。机关成立后仍设于曾厝村，吴健民、李习楷、余锡渠、许杰、张震等人都曾在此领导部署武装工作。曾厝村及周边村落的进步群众，踊跃参加革命斗争，为县委机关放哨、当通信员、挑运军用物资和粮食等，他们不顾个人安危为解放事业作出了贡献。

该遗址在新中国成立后仍由村民曾静、曾宪华居住，后因年久失修，屋体倒塌，现仅剩大门和一片残垣断壁。

曾静和曾宪华的祖宅

庵坑

—— 中共饶平县工委旧址

庵坑——中共饶平县工委旧址，位于潮州市饶平县浮滨镇下安村村址北面庵坑。

1948 年 4 月，中共潮澄饶丰武装工作委员会根据中央和香港当局的指示精神，为粉碎敌人对凤凰山根据地的包围，作出挺出外线的部署。由武装工作委员会成员陈义之率饶中（后称五连）武装人员到大山、饶中一带开辟游击区。经过一年多时间，饶平中部游击战争节节胜利，饶平中部地区基本为我方占领，拥有桃源、六斗、溪村、南面山寨、坪溪山寨、十二排、下安一大片游击基地，并与闽南乌山、八仙山游击基地连成一片。为配合全国胜利形势，迎接南下大军，解放饶城及准备饶平全境解放的接管工作，经上级党委批准，于 1949 年 6 月，在饶中下庵（安）村庵坑成立中共饶平县工委（代号平山），书记陈义之，委员陈孝乾、陈剑青、李瑞婉、张桐萱、杨玉坤。原饶中区委划为河东（代号文海）、河西（代号文山）两个区委；原十五武工队活动的附城区成立附城区委（代号文峰）。县工委为了适应全县游击斗争发展的需要，还成立饶平县民兵大队，下设三个中队。1950年1月28日，中共饶平县工委改为县委，书记陈义之。

庵坑始建于民国初年，坐北向南，为土木结构，建筑占地面积约200平方米。1952年前后修整一次，后因其他自然因素影响，年久失修，目前该旧址尾面破漏，现存状况较差。

庵坑

四房祠

—— 人民解放军闽粤赣边区纵队第四支队独立大队军民座谈会旧址

四房祠，即所城社区城隍庙巷杨氏宗祠——人民解放军闽粤赣边区纵队第四支队独立大队军民座谈会旧址，位于潮州市饶平县所城镇"大城所城"（又称"大埠所城"）内。

1949年4月底，经韩江支队独立大队（代号"天津部"，1949年5月组建扩编为人民解放军闽粤赣边纵队第四支队独立大队，简称"边纵四支独立大队"）开辟，饶平县东南沿海东界游击区基本形成。东界游击斗争的蓬勃发展，使时任国民党第五清剿区（潮汕地区）正副司令喻英奇、洪之政极为震惊，在饶平县黄冈成立"恢复东界临时指挥所"，派陈汉英和林孔昭分任正副指挥官，准备"围剿"东界。为动员东界民众抗击国民党的"围剿"，1949年5月27日下午，边纵四支独立大队队长杨英勇（杨短手）、政委陈汉，与同在东界进行革命活动的闽南独立大队长陈点信联合在所城四房祠召开各乡知名人士、有代表性的重要人物、商界人士30多人的座谈会。会上，反复宣传共产党的有关方针政策，揭露国民党反动派欺压人民的罪行，动员大家团结起来反"三征"。到会代表一致表示，拥护共产党的主张，消除姓氏乡界的历史旧怨，团结起来抗"三征"，并共同抗击国民党的进攻。会后，各乡把青壮年组织起来，准备旗帜和武器，共同抗击国民党的"围剿"。此后的近一个月时间里，军民联合，共同抗击国民党反动军队四次"围剿"，牵制国民党的兵力，为凤凰山革命根据地的巩固和发展赢得了时间。这是我军民团结联合起来，进行革命武装斗争的一次胜利。

所城四房祠，始建于明代嘉靖三十六年（1557），2018—2019年进行翻新，占地面积1 371.9平方米，建筑面积994.3平方米，保存状况较好，平时为杨氏祭拜祖先场所。

四房祠所在的大埕所城于2002年7月被广东省人民政府公布为广东省文物保护单位。大埕所城（含古戏台、古街道、城隍庙）占地面积为12 100平方米，其中古戏台90平方米，城隍庙240平方米，古街道11 770平方米。

四房祠

二善潮源楼

—— 中共饶和埔丰县委机关党支部旧址

二善潮源楼——中共饶和埔丰县委机关党支部旧址，位于潮州市饶平县上饶镇双善村西面，省道茶（阳）上（善）线西侧。

1945 年初，韩江纵队二支队政委黄维礼率队在潮源楼开展革命工作，发展地方组织。为了统一思想，便于党内沟通，同年 8 月在潮源楼建立机关党支部，支部书记许谨。11 月，中共饶和埔丰区委成立后，区委委员黄大水又到潮源楼开展革命工作，直接指导潮源楼机关党支部工作。1944 年 10 月，在抗日战争胜利前夕，党组织恢复活动时，中共饶和埔丰县工委成立，书记张全福，委员黄长胜、廖伟、黄维礼。1946 年 3 月，饶和埔丰县工委改为县委，8 月转入隐蔽斗争，县委机关设在平和长乐。1947 年 7 月恢复活动，成立饶和埔丰边县工委，12 月改为饶和埔诏县委，书记黄维礼，机关设在大埔第三溪。工委建立时，成立了武装基干队，至县委时扩建为粤东支队独立第五大队，大队长黄曦，政委黄维礼。

潮源楼建于清光绪十五年（1889），为圆形土楼建筑，直径 99 米，占地总面积约 8 431 平方米。土楼为二环围，内环房屋 36 开间，外环房屋 44

开间，墙体由黄泥土夯筑，围内中心辟有内埕，楼前留有外埕和池塘。围楼四面高山峻岭，林木茂密。潮源楼现保存较为完好。

　　潮源楼于 2011 年 4 月被饶平县人民政府公布为饶平县文物保护单位；2012 年 10 月被广东省人民政府公布为广东省文物保护单位。

二善潮源楼